佛教小百科 1

密教的修法手印

胎藏界法．護摩法

(下)

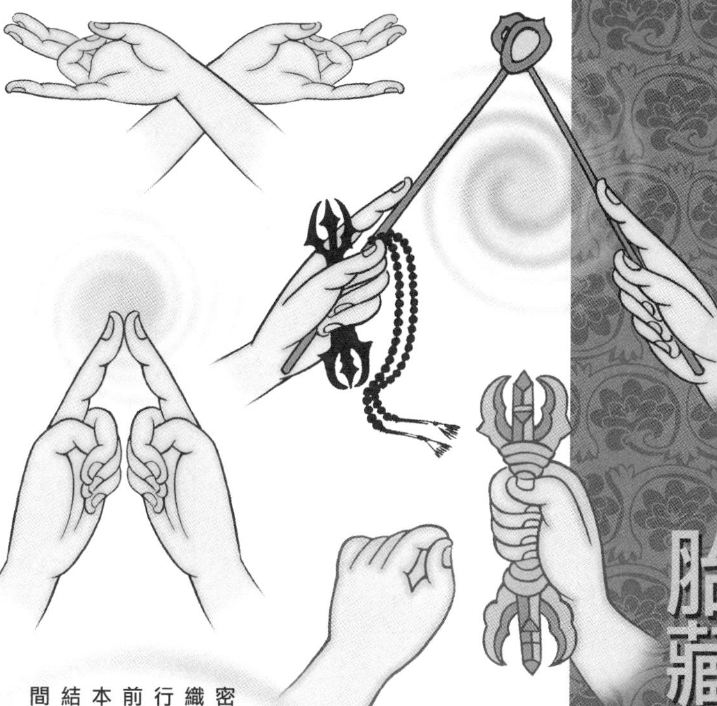

密教的手印，除了本尊的單一手印之外，也形成系統性與組織化的修法，成為廣大而完整的密法基礎。本書介紹東密的行者在接受正式的傳法灌頂，成為具有傳法資格的阿闍梨之前，所必須修學的四度加行手印。

本書解說四度加行中的胎藏界法及護摩法之修法手印圖像、結法及真言，使行者迅速趣入諸佛本尊的密境，成就世出世間的功德。

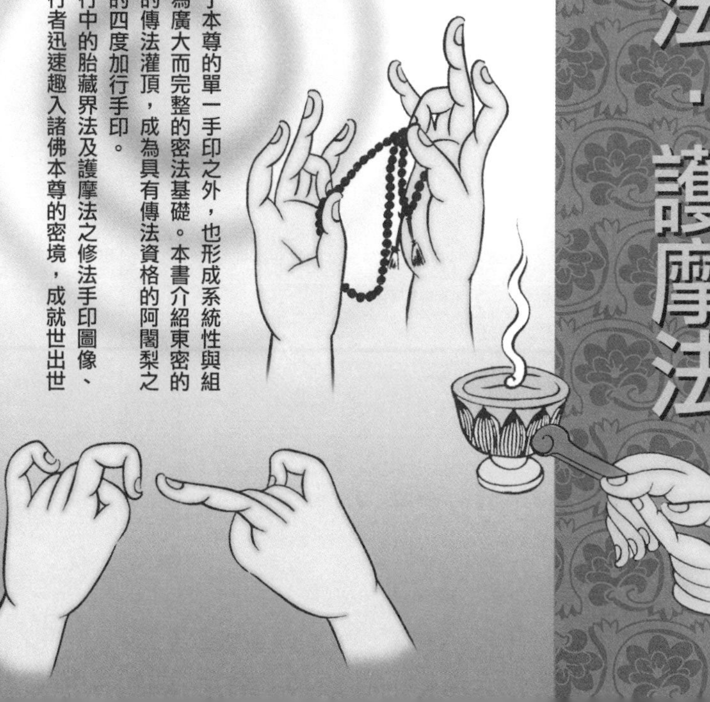

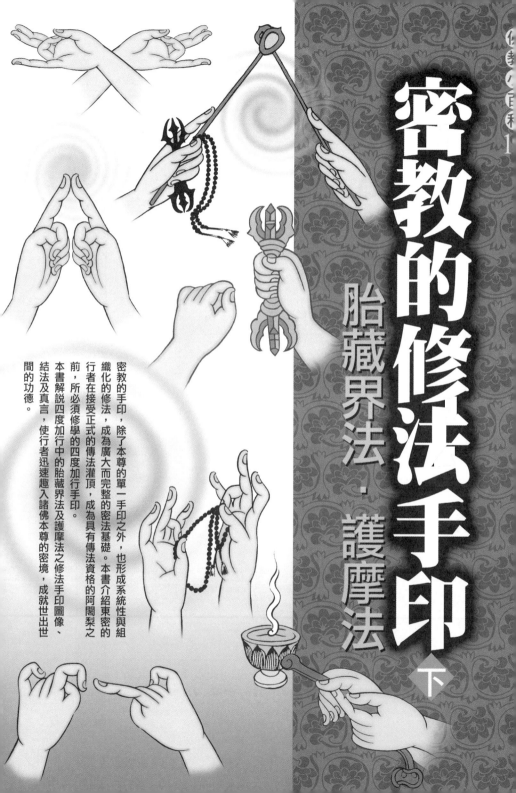

目錄

第1篇 胎藏界法手印

第2篇 護摩法手印

出版緣起

佛法的深妙智慧，是人類生命中最閃亮的明燈，不只在我們困頓、苦難時，能撫慰我們的傷痛；更在我們幽暗、徘徊不決時，導引我們走向幸福、光明與喜樂。

佛法不只帶給我們心靈中最深層的安定穩實，更增長我們無盡的智慧，來覺悟生命的實相，達到究竟圓滿的正覺解脫。而在緊張忙碌、壓力漸大的現代世界中，讓我們的心靈，更加地寬柔、敦厚而有力，讓我們具有著無比溫柔的悲憫。

在進入二十一世紀的前夕，我們需要讓身心具有更雄渾廣大的力量，來接受未來的衝擊，並體受更多彩的人生。而面對如此快速遷化而多元無常的世間，我們也必須擁有十倍速乃至百倍速的決斷力及智慧，才能洞察實相。

同時在人際關係與界面的虛擬化與電子化過程當中，我們也必須擁有更廣大的心靈空間，來使我們的生命不被物質化、虛擬化、電子化。因此，在大步邁向新世紀之時，如何讓自己的心靈具有強大的覺性、自在寬坦，並擁有更深廣的慈悲能力，將是人類重要的課題。

生命是如此珍貴而難得，由於我們的存在，所以能夠具足喜樂、幸福，因自覺解脫而能離苦得樂，更能如同佛陀一般，擁有無上的智慧與慈悲。這種菩提種子的苗芽，是生命走向圓滿的原力，在邁入二十一世紀時，我們必須更加的充實。

因此，如何增長大眾無上菩提的原力，是〈全佛〉出版佛書的根本思惟。所以，我們一直擘畫最切合大眾及時代因緣的出版品，期盼讓所有人得到真正的菩提利益，以完成〈全佛〉（一切眾生圓滿成佛）的究竟心願。

《佛教小百科》就是在這樣的心願中，所規劃提出的一套叢書，我們希望透過這一套書，能讓大眾正確的理解佛法、歡喜佛法、修行佛法、圓滿佛法，讓所有的人透過正確的觀察體悟，使生命更加的光明幸福，並圓滿無上的菩提。

因此，《佛教小百科》是想要完成介紹佛法全貌的拚圖，透過系統性的分門別類，把一般人最有興趣、最重要的佛法課題，完整的編纂出來。我們希望讓《佛教小百科》成爲人手一冊的隨身參考書，正確而完整的描繪出佛法智慧的全相，並提煉出無上菩提的願景。

佛法的名相眾多，而意義又深微奧密。因此，佛法雖然擁有無盡的智慧寶藏，對人生深具啟發與妙用，但許多人往往困於佛教的名相與博大的系統，而難以受用其中的珍寶。

其實，所有對佛教有興趣的人，都時常碰到上述的這些問題，而我們在學佛的過程中，也不例外。因此，我們希望《佛教小百科》，不僅能幫助大眾了解佛法的名詞及要義，並且能夠隨讀隨用。

《佛教小百科》這一系列的書籍，期望能讓大眾輕鬆自在並有系統的掌握佛教的知識及要義。透過《佛教小百科》，我們如同掌握到進入佛法門徑鑰匙，得以一窺佛法廣大的深奧。

《佛教小百科》系列將導引大家，去了解佛菩薩的世界，探索佛菩薩的外相、內義，佛教曼荼羅的奧祕，佛菩薩的真言、手印、持物，佛教的法具、宇宙觀……等等，這一切與佛教相關的命題，都是我們依次編纂的主題。透過每一個主題，我們將宛如打開一個個窗口一般，可以探索佛教的真相及妙義。

而這些重要、有趣的主題，將依次清楚、正確的編纂而出，讓大家能輕鬆的了解其意義。

在佛菩薩的智慧導引下，全佛編輯部將全心全力的編纂這一套《佛教小百科》系列叢書，讓這套叢書能成爲大家身邊最有效的佛教實用參考手册，幫助大家深入佛法的深層智慧，歡喜活用生命的寶藏。

密教的修法手印——序

密教的修法，主要是建立在三密相應之上。這是指修行者自身的身、語、意與佛菩薩等本尊的身、語、意三密能夠相應，受到加持。這也就是所謂眾生三密與本尊三密相應涉入，彼此攝持，以成辦瑜伽悉地。

在《金剛頂經一字頂輪王瑜伽一切時處念誦成佛儀軌》中即說：「三密纔相應，自身同本尊。能遍入佛智，成佛猶不難。」

而《大日經疏》卷一也說：「入真言門略有三事：一者身密門；二者語密門；三者心密門。（中略）行者以此三方便，自淨三業，即爲如來三密之所加持。」

而其中所謂加持，譬如佛菩薩等，就如同太陽一般影現在眾生心水之中，所以名「加」。而修持者的心水，能感受諸佛本尊的太陽遍照，名爲「持」。所以加持，就是表示如來的大悲與眾生信心的相互涉入。

在身、語、意三密當中，身密即爲印契，而語密是真言密咒，意密即本尊觀想。透過這三密的相應加持，修行密法者，能迅速的修證成就。

印契（梵名 mudra，藏名 physy-rgya），俗稱爲手印。現在常指密教修法時，雙手與手指所結的各種特殊姿勢。印契的梵名音譯爲母陀羅，或是稱爲印相、契印、密印，有時則單稱爲「印」。

密教認爲，手印是指曼荼羅海會中的諸本尊，爲了標示自身所內證的三昧境界，或在因地中修行的人，爲了共同證入於佛菩薩諸尊的本誓當中，而與諸尊的身、口、意三密相應涉入，因此在雙手手指上所結的密印。

而佛菩薩等本尊的心意，最重要的是要具有大慈悲心，及了悟一切現空的智慧。因此，手結契印如果能以大慈悲爲心要，體悟性空如幻、無所執著的實相，必能與本尊相應。

在本書中，完整的向大家介紹四種系統性的手印修法。包括十八道法（十八契印）、金剛界法、胎藏界法及護摩法等四種手印修法次第。這四種手印的修法，是東密修法的主要根本。

在東密的修法當中，行者於接受傳法灌頂，正式成爲弘法的阿闍梨之前，必須修習四種行法，稱爲四度加行。即包括了十八道法、金剛界法、胎藏界法及護摩法。修習這四度加行之後，才進入密行之門。

在本書中，透過詳盡的解說及系統性的介紹，讓大家能理解手印修法的奧妙，因此使修行者趣入諸佛本尊的密境當中，與本尊相應，迅速成就諸佛本尊的世間及出世間功德，是編輯此書的根本心願。

祈願所有的眾生，都能受到諸佛本尊加持，與諸佛本尊三密相應，迅速成就本尊瑜伽，圓滿成佛。

凡例

一、《密教的修法手印》的編輯，是爲了解明密教修法的各種手印，使讀者能迅速明瞭與掌握其要義及修法次第。

二、本書所介紹密教的修法手印，如：十八道法、金剛界法、胎藏界法、護摩法，雖然有其本據，但是由於傳承與時空因緣的不同，彼此間或有些許差異之處。因此，本系列的編輯過程，參校了各種經論與版本，以期求取最恰當、適切的內容。但是由於資料繁複萬端，或有疏略之處，敬請見諒。

三、在本系列中，所列之手印圖像次第，主要是以《金剛界念誦私記》、《胎藏界念誦私記》、《十八道念誦私記》及《不動護摩私記》所載爲主，但是在對校各種經、論、圖版之後，有些許校正。

⊙手印十指的別稱

手印具有本尊相應的威力，因此印契自古以來即被視爲具有神祕力量的來源，透過十指精巧的結合，能成就世間的各種願望與出世間的各種修證境界。但是本尊手印的結契最主要的是與本尊的心意相合，方能圓滿成就。

因此，密教中對結印之兩手及十指有特殊的稱呼，以此來表徵本尊之特德，使行者之身與本尊相應。一般稱兩手爲二羽、日月掌、二掌；稱十指爲十度（十波羅蜜）、十輪、十蓮、十法界、十真如、十峯。並將兩手配於金剛界與胎藏界，或配於定與慧、理與智等，如左表所列：

右手	日	觀	慧	智	智	實	獻	外	般若	悲念	金剛界
左手	月	止	定	福	理	權	從	內	三昧	慈念	胎藏界

而將五指配於蘊、五佛頂、五根、五字、五大等……十指配於十度，如左表所列：

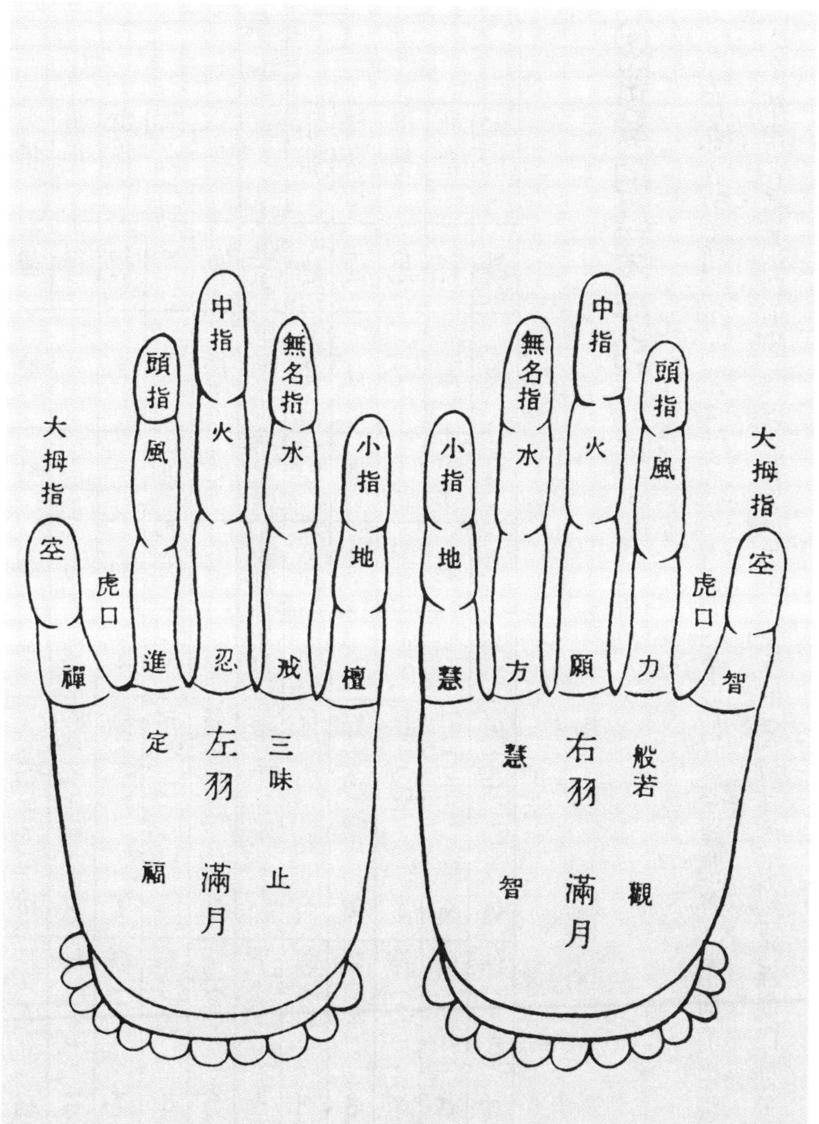
大拇指
空
虎口
禪
頭指
風
進
中指
火
忍
無名指
水
戒
小指
地
檀
定
左羽
三昧
福
滿月
止
小指
地
慧
無名指
水
方
中指
火
願
頭指
風
力
大拇指
空
虎口
智
慧
右羽
般若
智
滿月
觀

十指的別稱

右手						左手				
大指	頭指	中指	無名指	小指		小指	無名指	中指	頭指	大指
識	行	想	受	色	五蘊	色	受	想	行	識
輪	蓋	光	高	勝	五佛頂	勝	高	光	蓋	輪
慧	定	念	進	信	五根	信	進	念	定	慧
智	力	願	方	慧	十度	檀	戒	忍	進	禪
禪	進	忍	戒	檀	十度	慧	方	願	力	智
欠(khaṁ)	吽(hūṁ)	羅(ra)	尾(vi)	阿(a)	五字	阿(a)	尾(vi)	羅(ra)	吽(hūṁ)	欠(khaṁ)
佉(kha)	訶(ha)	羅(ra)	嚩(va)	阿(a)	五大	阿(a)	嚩(va)	羅(ra)	訶(ha)	佉(kha)
空	風	火	水	地	五大	地	水	火	風	空

⊙密教的基本手印

在密教的經續中，諸佛菩薩等本尊在不同的曼荼羅集會、不同的因緣教法中，都結出各種不同的印契以教化眾生，而綜備囊括各種手印原理的印母，也開始出現，手印也愈來愈系統化，而成爲組織性的修法。在《大日經疏》卷十三中，曾給予這些印母總括性與組織性的說明，這包括了十二合掌與四種拳。

十二合掌

1. 堅實合掌：合掌，掌中堅相著，十指微離。
2. 虛心合掌：十指齊等，頭相合，掌心微開。
3. 未敷蓮合掌：如前，空掌內，使稍穹。
4. 初割蓮合掌：二地二空並相著，餘六指散開，即八葉印也。
5. 顯露合掌：仰兩掌相並，掌心向上。
6. 持水合掌：並兩掌而仰，指頭相著，稍屈合之，如掬水，似飲食印也。
7. 歸命合掌：合掌，十指頭相叉，以右加左，如金剛合掌也。
8. 反叉合掌：以右手加左，反掌，以十指頭相絞，亦以右手指加於左手指上。
9. 反背互相著合掌：以右手仰左手上，以左手覆在右手下，略似定印。
10. 橫拄指合掌：仰二手掌，令二中指頭相接。
11. 覆手向下合掌：覆兩掌，亦以二中指相接。

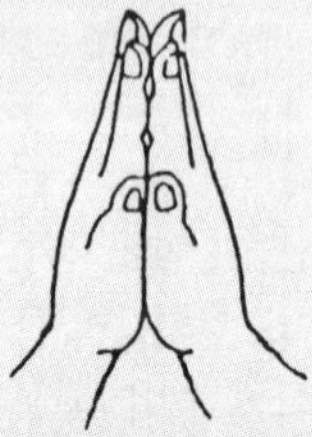

1.堅實合掌

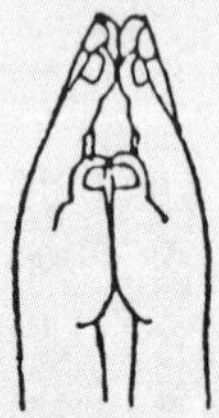

2.虛心合掌

3.未敷蓮合掌

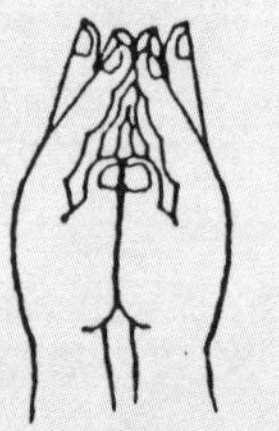

4.初割蓮合掌

5.顯露合掌

6.持水合掌

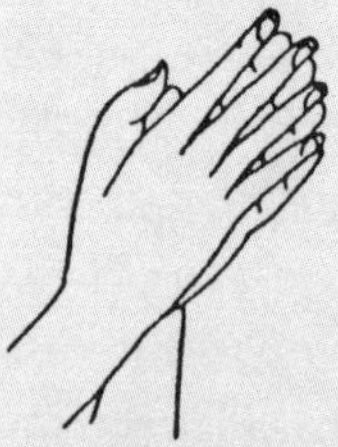

7.歸命合掌

8.反叉合掌

9.反背互相著合掌

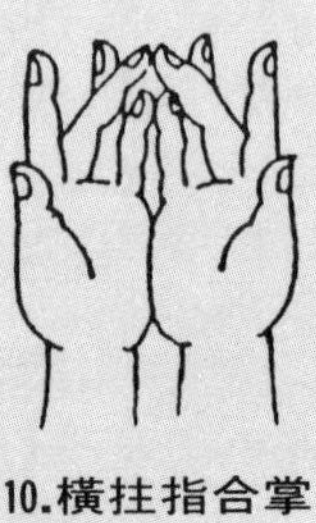

10.橫拄指合掌

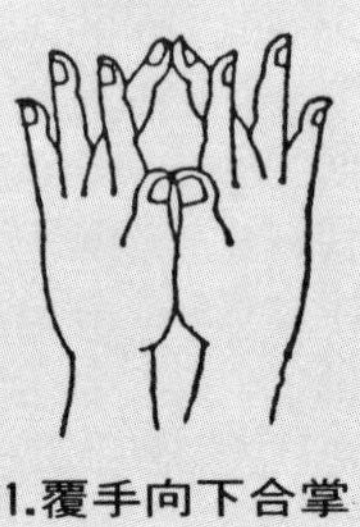

11.覆手向下合掌

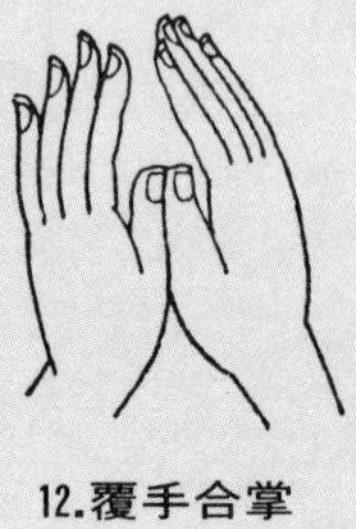

12.覆手合掌

12.覆手合掌：並覆兩手，以二大指並而相接，十指頭向外。

四種拳

1.爲拳，大指豎於外，名「蓮華拳」，又名「胎拳」。
2.大指在掌中爲拳，名「金剛拳」。
3.叉合二手作拳，十指頭出外，名「外縛拳」。
4.十指相叉，頭入於掌內，名「內縛拳」。

⦿結誦印言時之四處加持、五處加持

結誦印言時，有指定的所謂四處加持或五處加持，在儀軌中常見要在指定之處做加持的指示，而且都代表著重要的意義。例如在護身法中，對蓮華部三昧耶的結印說「真言三遍，做頂的右印」，其次在金剛部三昧耶也說「真言誦三遍做頂的左印」，即明確的指定一處。這裡所說頂的左右，是相當於胎藏曼荼羅之三部描述的部位。即以中台八葉爲中心，右方有蓮華部觀音院，左方有金剛部金剛手院。依此將蓮華部與金剛部的三昧印配於左右。

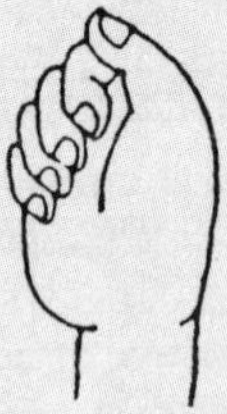

1.蓮華拳（胎拳）

2.金剛拳

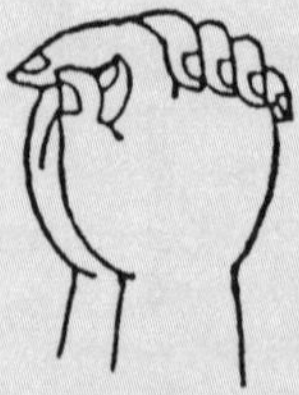

3.外縛拳

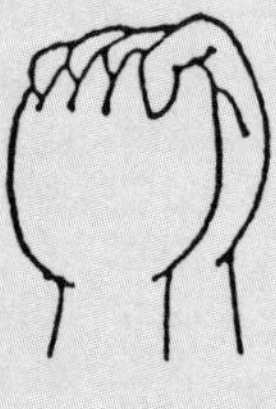

4.內縛拳

四種拳

四處是指心、額、喉、頂等四處。配以大日如來的內證智（四智）與四佛如下：

心：大圓鏡智——阿閦如來

額：平等性智——寶生如來

喉：妙觀察智——阿彌陀如來

頂：成所作智——不空成就如來

加持此四處，行者觀想自身成爲大日法界身。

五處是指額、右肩、左肩、心、喉五處，出於《八字文殊儀軌》。加持五處，行者觀想自身具足五佛，即身成佛。五處五佛的配釋如下：

額——大日如來

右肩——寶生佛

左肩——不空成就佛

心——阿閦佛

喉——阿彌陀佛

除了四處與五處加持之外，還有所謂七處，即在道場觀主尊與七處，其代表意義如下：

左膝	蓮華部	胎藏界三部
壇上	佛部	胎藏界三部
右膝	金剛部	胎藏界三部
心	金剛部	佛部——金剛界五部
額	寶部	佛部——金剛界五部
喉	蓮華部	佛部——金剛界五部
頂	羯磨部	佛部——金剛界五部

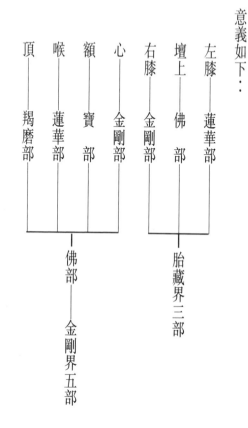

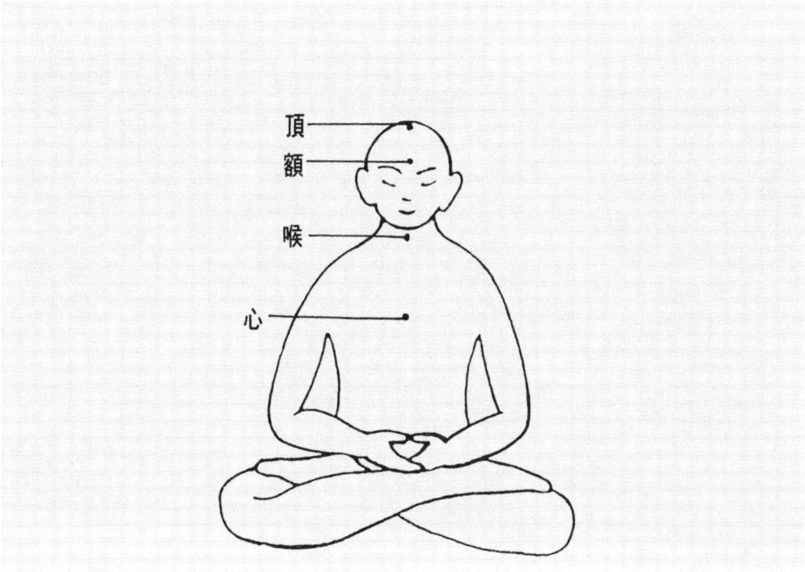

四處加持

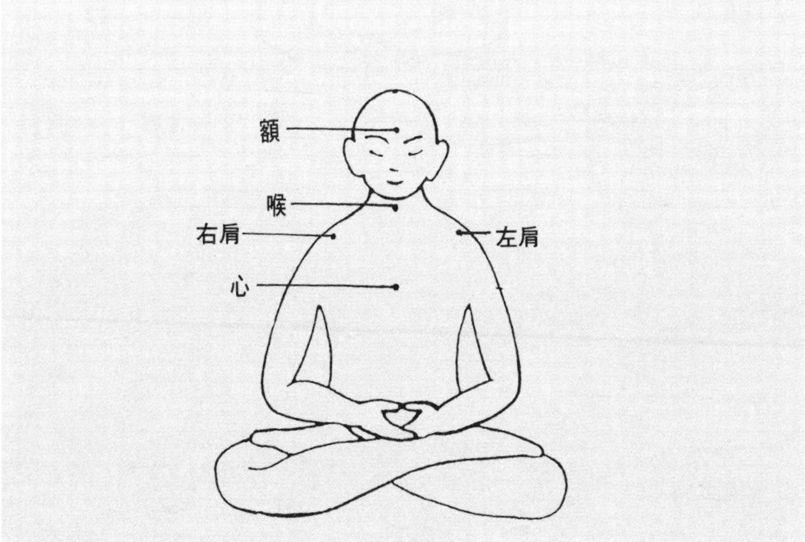

五處加持

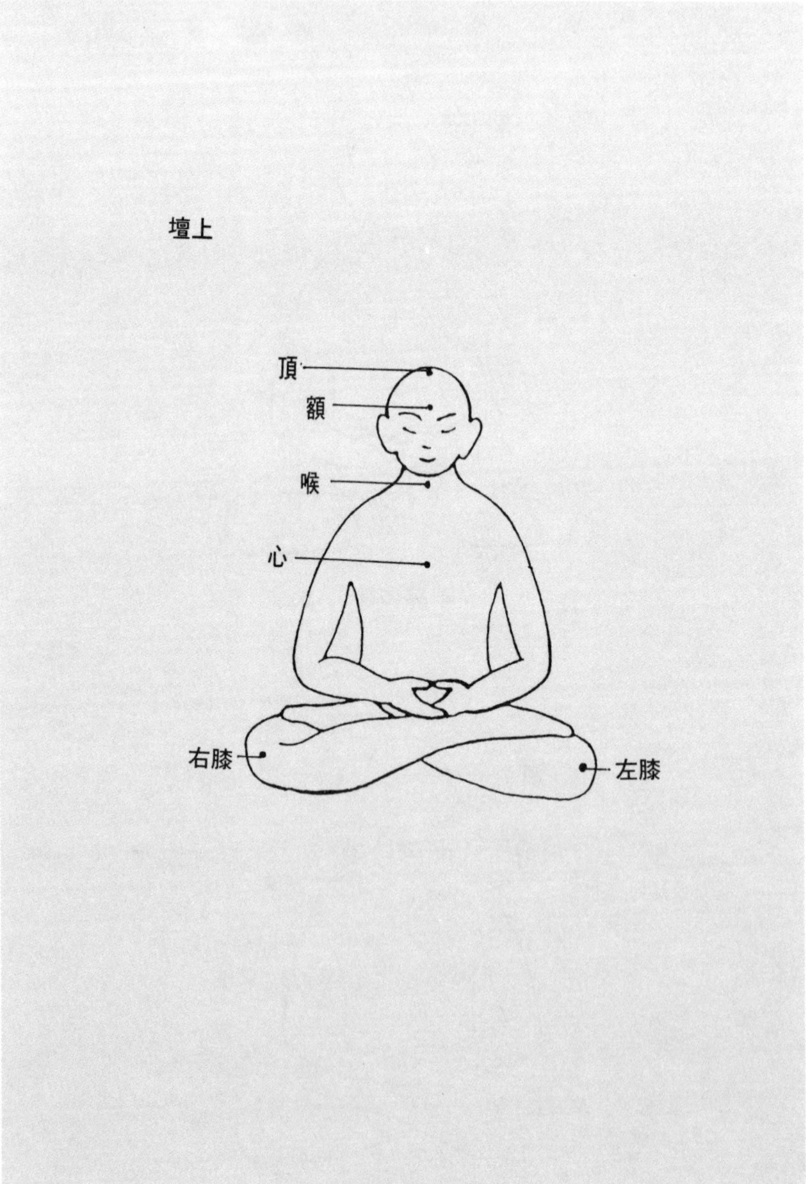

七處加持

第1篇

胎藏界法手印

第一章 胎藏界法簡介

◎胎藏的意義

胎藏界法是胎藏界曼荼羅諸尊的供養法。

胎藏界（梵 garbhakośa dhātu），音譯爲蘖婆矩奢馱都、蘖喇婆馱覩。全稱爲大悲胎藏生。在《大日經疏》卷三中以胞胎、蓮花二喻來解釋「胎藏」之義。以胞胎爲喻，是表示以意識種子爲母胎所覆藏，具足諸根，不久將誕生發育，學習各種技藝，爾後施行於事業之中來比喻。這就猶如眾生本有體性中有一切智心，由發心學習大悲萬行而顯現其清淨心。後來發起方便，自利利他，圓滿究竟，所以名爲大悲胎藏生。

而以蓮花爲喻，則是因爲蓮花的種子在堅殼之中，枝條花葉的體性已宛然具足，這就猶如世間種子的心。蓮華種子發芽、成長，乃至生花苞時，蓮臺果實已隱於葉藏內，不會被風寒眾緣所傷害，淨色鬚蕊日夜滋榮，猶如大悲胎藏。而在日光中，花正開放，正如方便滿足。

因此，可以了知胎藏有「含藏覆護」或「攝持」之義，是指眾生所本具清淨自性。

此外，胎藏界乃是本覺下轉的化他門，所以大定、大智、大悲三德，其曼荼羅分爲佛、金剛、蓮華三部。

胎藏界曼荼羅（Garbha-dhatu-mandala）的全名是大悲胎藏生曼荼羅，是根據密教根本經典之一的《大日經》所圖繪而成的。梵語蘗喇婆譯爲胎藏，有胞胎胎藏與蓮花胎藏之分。

如《大日經疏》卷三解釋：

「今且約胎藏爲喻，行者初發一切智心，如父母和合因緣，識種子初託胎中，爾時漸次增長，爲行業巧風之所匠成。乃至始誕育時，諸根百體，皆悉備足，始於父母種姓中生。猶如依其言門學大悲萬行，淨心顯現。又此嬰童，漸具人法，習諸伎藝，伎藝已通，施行事業，如於淨心中發起方便，修治自地，隨緣利物，濟度眾生，故名大悲胎藏生也。

（中略）今以蓮花喻此曼荼羅義。如蓮種在堅殼之中，枝條花葉之性，已宛然具足，猶若世間種子心，從此漸次增長，乃至初生花苞時，蓮台果實隱於葉藏之內，如出世間心尚在蘊中，又由此葉藏所包，不爲風寒眾緣之所傷壞，淨色鬚蕊日夜滋榮，猶如大悲胎藏，既成就已，於日光中顯照開敷，如方便滿足。」

此外，在卷五中又說：「如上所說：菩提心爲因，大悲爲根，方便爲究竟者，即是心實相花台，大悲胎藏開敷，以大悲方便現作三重普門眷屬，以是義故名爲大悲胎藏曼荼羅也。」

大悲胎藏曼荼羅是從佛的大悲願力，爲了化濟眾生而示現種種身相，爲種種有情宣說種種妙法，依種種眾生的根性，開出相應本誓的心，以此身口意三無盡莊嚴藏爲對境所圖繪的莊嚴形像，稱爲大悲胎藏生曼荼羅。

因此大悲本所生曼荼羅，一方面是表示佛陀的大悲功德所發生的三密無盡莊嚴藏的妙行；另一方面，則是在行者心中體現佛陀的大悲三無盡莊嚴藏，所以稱曼荼羅。

胎藏曼荼羅是根據《大日經》而圖繪的，《大日經》的中心教義，就是「菩提心爲因」、「大悲爲根」、「方便爲究竟」三句。因此胎藏界曼荼羅的組織也就是以這三句的意理，而描繪出三重現圖曼荼羅。

《大日經》爲密教根本經典之一，與《金剛頂經》同爲真言密教的聖典。是大日如來在金剛法界宮爲金剛手秘密主等所說。全書七卷，共分三十六品，前六卷三十一品爲全經的主體，開示大悲胎藏曼荼羅，後一卷五品揭示供養法。

在第一〈住心品〉主要講述密教的根本教義（教相），理論方面的敍述佔大部分；第二〈具緣品〉以下則以有關曼荼羅、灌頂、護摩、印契、真言等實際修法方面的記述爲主。

此經主要在開示，一切眾生本有淨菩提心所持無盡莊嚴藏的本有本覺曼荼羅，並宣說能悟入此本有淨菩提心的三密方便，所說之核心主旨即上述的「菩提心爲因，大悲爲根，方便爲究竟」第三句法門。經中明說菩提即是如實知自心，眾生自心即一切智，須如實觀察，了了證知。

⊙胎藏界曼荼羅的結構

胎藏曼荼羅的圖位，說法極不一致，一般而言：

中台第一重，以八葉蓮花代表菩提心德。胎藏界以蓮花表心，是八瓣肉團心，梵語「汗栗馱」譯爲肉團心、堅實心、有心、精神、心臟等等。通於有情、無情等，如樹木之心。是指萬物所具有的本質，爲中心的「心」。也如萬法具有真如法性的真實心，即指如來藏心，並非指緣慮思惟的心。其狀如蓮花合而未開，而佛心則如同已開敷的蓮花。金剛界以月輪表心，是質多心。梵語「質多」譯爲慮知，是指具有緣慮思惟作用的心王、心所等，限於有情。

在中台八葉院中，要使行者在自心中觀察中台八葉九位聖尊的妙德，開發自己本有的菩提心，所以代表菩提心德。而第二重代表大悲之德，第三重代表攝化方便之德，《大日經疏》卷三解釋說：

「從佛菩提自證之德現八葉中胎藏身，從金剛密印現第一重金剛手等諸內眷屬，從大悲萬行現第二重摩訶薩埵諸大眷屬，從普門方便現第三重一切眾生喜見隨類之身。若以輪王灌頂方之，則第三重如萬國君長，第二重如朝廷百揆，第一重如宗枝內弼，中胎如垂拱之君，故花台常智為大曼荼羅王也。

若自本垂迹，則從中胎一一門各流出第一重種種門，從第一重一一門各流出第二重種種門，從第二重一一門各流出第三重種種門，若行因至果，則第三重之所引攝成就能通第二種，第二重之所引攝成就能通第一重，第一重之所以攝成就能見中胎藏。」

以上是第一重受用身的曼荼羅。

第二重上方的釋迦院，是以變化身的釋迦牟尼佛為主尊，表示方便攝化的妙德。

上方第三重是文殊院。在此文殊院、除蓋障院、地藏院、虛空藏院、蘇悉地院等五院，都是為了開發中台大日如來，三種無盡莊嚴藏的實相，而證悟向上的菩薩大眷屬曼荼羅。

其中，文殊院居於東方，代表開悟實相的般若妙慧。左方第二重除蓋障院以除蓋障菩薩爲主，從金剛手菩薩的大智慧門，除去一切眾生的煩惱、所知的覆蓋障礙，而悟入三無盡莊嚴藏的實相。

右方第二重地藏院是以地藏菩薩爲主，這是得證除蓋障功德的結果，不但具足能耐怨害、安受眾苦、諦察諸法的三種忍，而且依觀世音菩薩的大悲門進到極苦的惡道中，解救一切眾生的苦難。宛如大地載負萬物般不以爲勞，而能出生萬物，所以名爲地藏。

下方第二重爲虛空藏院，在持明西方，以虛空藏菩薩爲主，這是得證地藏菩薩耐苦功德的妙果，譬如虛空無有障礙，又如虛空包含萬德，滿足一切眾生願望。

下方第三重爲蘇悉地院，此院實際上是虛空藏院中的第三列位次，在經軌中不另開一院，但因上方有釋迦、文殊二院，所以下方即以虛空藏院的蘇悉地羯羅菩薩爲主，設立蘇悉地院，表示二利成就的妙德。

最外一重爲外金剛部院，在外圍四方畫出諸天、藥叉、人、非人、七曜、十二宮、二十八宿等，表示隨類應化的凡聖不二之理。此院包括極廣，凡是一切經典中所說的諸天神等，乃至世人所信奉的外道，五通神仙、事火等神眾之類，都可列入。

胎藏法的根本經典是《大日經》。《大日經》的前六卷是本文，第七卷是說明實修《大日經》所說之法的供養法，行法的基本就是第七卷的供養法。晚唐青龍寺法全（公元八四〇年左右）將第七卷內容整理成《大毗盧遮那成佛神變加持經蓮華胎藏菩提幢標幟普通真言藏廣大成就瑜伽》三卷，俗稱「青龍儀軌」，在貞觀七年（八六五）傳到日本。宗祖請來的是「胎藏梵字次第」。其共通的儀軌次第有行願、三昧耶、道場、召請、供養、成身、念誦等七支。以此七支做根幹，根據《蓮華部心儀軌》編輯之行法次第的即是《胎藏念誦次第》。

⊙中台八葉院諸尊簡介

中台八葉院是胎藏曼荼羅的總體，也是胎藏曼荼羅的中心，位居於胎藏十二大院的中央位置。

中台八葉院，是以八葉開敷的蓮華花瓣做爲基本的圖像，這八瓣蓮華又喻爲心蓮，代表眾生的心，在佛教中亦稱爲肉團心，也代表眾生本具的佛性；這也是顯教中所說的如來藏。

在以肉團心所顯現的中台八葉院中，本來具足圓滿的佛性，並以蓮花華台的大日如來爲中心，與四方四隅八瓣蓮花上，東方的寶幢如來、南方的開敷華王如來、西方的無量壽如來、北方的天鼓雷音如來、東南方的普賢菩薩、西南方的文殊菩薩、西北方的觀自在菩薩、東北的彌勒菩薩，共成爲九尊。

中台八葉院的九尊，分別對應眾生的九識，並轉識成智，使這九識成爲眾生本具的如來五智。而這些都是大日如來的法界體性所流現的。

胎藏界五佛其實是大日如來五智的體現，這五佛是：

1. 毗盧遮那如來

毗盧遮那如來（梵名Vairocana），在金剛界與胎藏界兩部密教大法中，都是代表法身如來，即

1.毗盧遮那如來
2.寶幢如來
3.開敷華王如來
4.無量壽如來
5.天鼓雷音如來
6.普賢菩薩
7.文殊師利菩薩
8.觀自在菩薩
9.彌勒菩薩

中台八葉院諸尊位置圖

法界體性自身，爲實相所具體示現的根本佛陀。

在五方佛中，示現爲法界體性智，是轉第九識的如來藏識而成就的圓滿佛智。而大日如來的法界體性智，也是其他四佛智慧的總體，代表圓滿究竟的無上佛智。而另外的四種佛智，則由其他的四方佛所示現開展。

2.寶幢如來

寶幢如來（梵名Ratnaketu），音譯爲囉怛曩計覩。又稱爲寶幢佛、寶星佛，密號福壽金剛、福聚金剛，位於中臺八葉院東方之佛。寶幢如來主要在彰顯菩提心的妙德；以菩提心猶如勝利寶幢，能摧毀一切魔障，此如來以一切智願爲幢，在菩提樹下降伏魔眾，所以名爲寶幢如來。

在五方佛中示現爲大圓境界，是轉第八意識阿賴耶識所成就的佛智。大圓鏡智如同圓滿清淨的大圓鏡般盡攝法界眾相，並如實的映現，通達一切的實相。

3. 開敷華王如來

開敷華王如來（梵名 Saṃkusumitarāja），又稱爲娑羅樹王華開敷佛、開敷華佛、華開敷佛。爲中臺八葉院南方之如來。

由於這位如來安住於離垢三昧，以菩提心種子，長養大悲萬行，成就無上正等正覺如來，萬德開敷，所以稱爲「開敷華王如來」。

在五方佛中示現爲平等性智，是轉第七識末那識所成就的佛智。平等性智能除滅一切自身、他人

與所有世間的分別心，而體現一切平等無別的甚深佛智，所以稱為平等性智。

4.無量壽如來

無量壽如來，即阿彌陀佛（梵名Amitābha或Amita-buddha），意譯為無量光或無量壽佛，乃是西方極樂世界的教主。以觀世音、大勢至兩大菩薩為脇侍；在極樂世界中，教化眾生。

無量壽如來，因地為法藏比丘（Dharmākara），於世自在王佛前，發起無上道心，以四十八大願，誓願建立究極莊嚴的極樂世界。在十方佛土中最殊勝、最微妙，在十方無量數的諸佛國土中，最為第一，讓居住其中的眾生，都能安住於菩提道。

在五方佛中示現為妙觀察智，這是轉第六識所

成就的佛智。妙觀察智能完全如實的了悟一切世間的微妙緣起，現觀一切眾生的根器，予以最微乘究竟的自在教法。

5.天鼓雷音如來

天鼓雷音如來（梵名 Divyadundubhimeghanirghoṣa），又稱鼓音如來、鼓音佛、鼓音王。是密教胎藏界曼荼羅，中臺八葉院之北方如來，有說與阿閦如來是同尊。

在五方佛中示現爲成所作智，這是轉眼、耳、鼻、舌、身等前五識所成就的佛智。成所作智是能究竟實踐一切如來妙德的智慧，能成辦救度一切眾生的無上佛智。

除了中台大日如來與四方四佛所具足的五佛智

慧外，其他四隅的四菩薩，也各具殊勝的妙德，展現出相應於四方佛本具果德的本有因行。

6.普賢菩薩

普賢菩薩（梵名Samantabhadra），又寫作三曼多跋陀羅、三滿多跋捺羅或是邲輸颰陀。義譯作遍吉，意爲具足無量行願，普示現於一切佛剎的菩薩。

是大圓鏡智的妙因，所以在中台八葉的東南隅，對應於寶幢如來，是寶幢如來的因位妙行。

「普賢」代表廣大的菩薩行，其不僅是普賢行的表徵，也是菩薩行的表徵。任何一個眾生，實踐菩薩行圓滿之時，就是普賢菩薩，而圓滿普賢的果位就是毗盧遮那如來，眾生具足著普賢之因，也就

是毗盧遮那佛性。

7.文殊菩薩

文殊師利菩薩（梵名 Mañjuśrī），又稱曼殊室利，簡稱文殊。

文殊菩薩，也稱爲文殊師利法王子或稱文殊師利童真、文殊師子童菩薩、孺童文殊菩薩。

「文殊師利」義爲妙吉祥，即具足眾德，以大慈大悲力，演妙法音，令一切有情得聞，住於諸法實相。

文殊菩薩象徵能斷除第七識末那識的我痴、我見、我慢、我愛等四種煩惱差別執著的智慧，是平等性智的妙因。因此在中台八葉的西南隅，對應於開敷華王如來，示現開敷華王的因位妙行。

8. 觀自在菩薩

觀自在菩薩，即觀世音菩薩（梵名 Avalokiteśvara），音譯阿縛盧枳低濕伐羅。又作光世音薩、觀世自在菩薩、觀世音自在菩薩、現音聲菩薩。

觀自在菩薩，代表一切諸佛悲心的總集，能聽聞一切苦難的音聲而予以救度。此外，觀自在菩薩，更代表了我們每一個眾生覺悟圓滿的佛性，能觀自在，了悟性空如幻，一心如幻，具足大悲。

以同體大悲，觀察眾生的根機，隨宜解脫他們的煩惱，是妙觀察智的妙因。所以，示現在中台八葉的西北隅，對應於無量壽如來，代表無量壽如來的因地妙行。

9.彌勒菩薩

彌勒菩薩（梵名 Maitreya，巴利名 Metteya，西藏名 Byampa），又作梅怛儷耶、未怛唎耶、彌帝麗，或梅任梨，譯作慈氏。他是繼釋尊之後在此娑婆世界成佛的菩薩，所以又稱為一生補處菩薩。

彌勒菩薩號為慈氏，因為他生生世世皆是修習慈心三昧、行慈行來救度眾生。

能隨順眾生的希求願望而給與喜樂，是成所作智的妙因。因此，在中台八葉的東北隅，對應於天鼓雷音如來，代表天鼓雷音如來的因地妙行。

⊙胎藏界法次第

胎藏界法次第，諸家所說略有不同，本書所使用之手印以《胎藏界念誦私記》之次第爲主。若本書未載明印圖者，則表示原典亦然。

【上堂行願分】

1. 上堂—彈指
2. 壇前普禮—金剛合掌
3. 辨供
4. 著座—金剛合掌
5. 塗香
6. 三密觀—蓮華合掌
7. 淨三業
8. 佛部三昧耶
9. 蓮華部三昧耶
10. 金剛部三昧耶
11. 被甲護身
12. 加持香水
13. 覽字觀—金剛合掌
14. 觀佛—金剛合掌
15. 金剛起
16. 本尊普禮
17. 啟白、神分、祈願
18. 金剛部三昧耶
19. 九方便

【三昧耶戒分】

20. 四無量觀—彌陀定印
21. 入佛三昧耶
22. 法界生
23. 轉法輪
24. 環金剛甲
25. 無堪忍三摩耶

【事業道場分】

26.住定印—法界定印
27.結跏趺坐
28.驚發地神
29.勸請地神—大鈎召印
30.地神持—如來拳印
31.灑淨
32.持地
33.道場觀—法界定印
34.器界觀五大印—內五胋印
35.曼陀羅概觀—住如來拳印
36.三部字觀輪—火輪印

【諸會諸聖分】

37.中台八葉院—秘密八印
38.遍知院
39.觀音院
40.金剛手院
41.持明院
42.釋迦院
43.文殊院
44.除蓋障院
45.地藏院
46.虛空藏院
47.最外院

【召請結界分】

48.淨治—燒香印
49.不動明王
50.金剛鉤—大鈎召印
51.立身—法界定印
52.立三昧耶—入佛三昧耶印
53.金剛網

54.金剛炎—火院
55.大三昧耶

【供養讚歎分】

56.閼伽
57.奉華座—八葉印
58.振鈴
59.舞儀拍掌
60.不動示座—劍印
61.金剛手—内五胋印
62.環金剛甲
63.怖魔
64.四方四大護
65.無能勝
66.相向守護
67.不動尊心—劍印
68.塗香
69.華鬘
70.焚香
71.飯食—鉢印
72.燈明
73.虛空藏菩薩轉明妃—金剛合掌
74.加持供物—劍印

【成身加持分】

75.入佛三昧耶
76.法界生
77.轉法輪
78.時佛—内縛三胋印
79.無能害力明妃
80.本尊加持—外五胋印
81.入我我入觀—法界定印
82.本尊加持—外五胋印

【念誦修習分】

83.正念誦—外五胋印

84.本尊加持—字輪觀

【後供方便分】

85.解界—大三摩耶印

86.火院

87.虛空網

88.不動

89.金剛墻

90.地結

91.撥遣

92.三部三昧耶

93.被甲護身

94.普禮

95.下禮盤

96.出道場

第二章 胎藏界法手印

上堂行願分

◎上堂—彈指

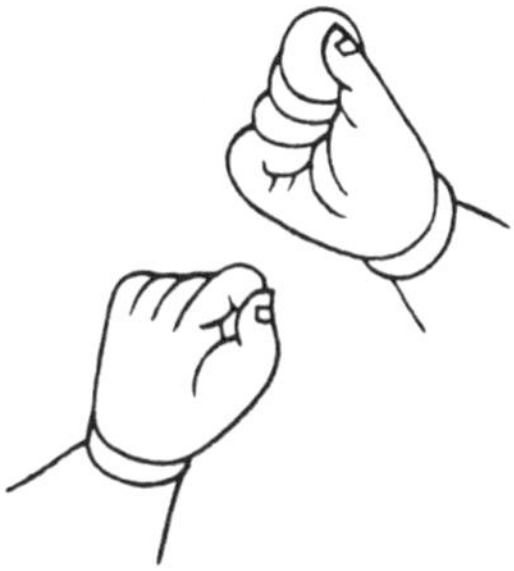

雙手彈指。

⊙壇前普禮—金剛合掌

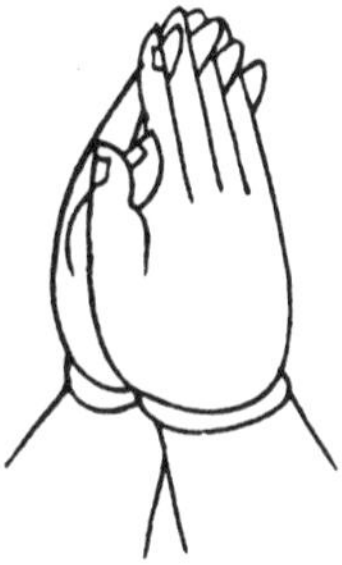

雙手密合，十指指尖交錯，將右手五指置於左手各指之上。

【真言】

唵　薩嚩怛他孽多播那滿娜曩　迦嚕彌

oṃ sarva-tathāgata-pāda-vandanāṃ karomi

◎辦供

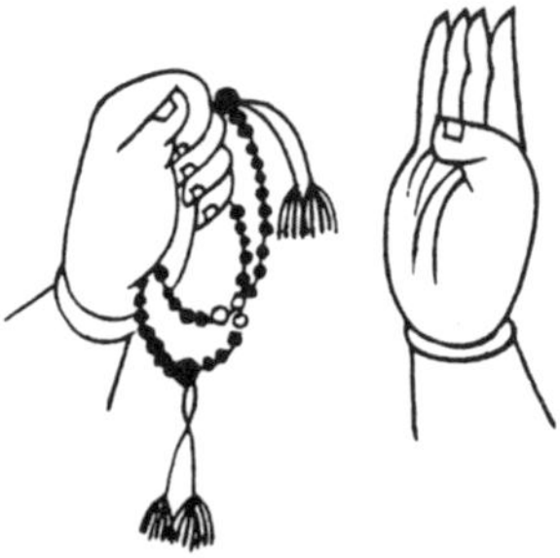

左手：手持念珠，將念珠轉三圈，母珠對正本尊方向，置於旁桌上。

右手：伸直右手食指以下的四指且並列，拇指橫放在掌中。仰起掌心以四指之尖推送修正前供的燒香、閼伽、塗香、華鬘器等之位置。

⊙著座—金剛合掌

雙手密合，十指指尖交錯，將右手五指置於左手各指之上。

⊙塗香

右手五指並豎，拇指橫放掌中，立臂向外，以左手握右腕。

【真言】

南麼　三曼多勃馱喃　微輸馱健杜納婆嚩　莎訶

namaḥ samanta-buddhānāṃ viśuddha-gandhodhavāya svāhā

⊙三密觀——蓮華合掌

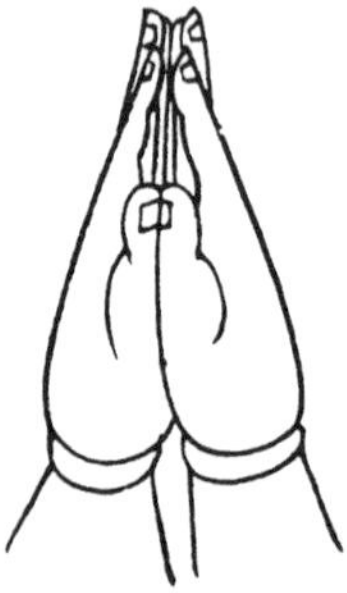

兩掌相合，十指合攏，兩掌之中稍成虛圓不密合。

⊙淨三業

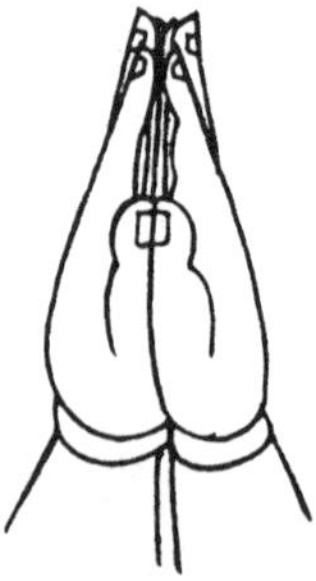

兩掌相合，十指合攏，兩掌之中稍成虛圓不密合。

【真言】

唵　薩網婆縛述馱　薩婆達磨　薩網婆嚩述　度含

oṃ　svabhāva-śuddhāḥ　sarva-dharmāḥ　svabhāva-śuddho'ham

◎佛部三昧耶

雙手虛心合掌（十指並齊，掌中稍虛）；開掌，微曲二食指靠左二中指之上節；分開二拇指，各在二食指的下節捻文，即用拇指腹壓食指內側。

【真言】

唵　怛他蘖都納婆嚩也　娑嚩訶

oṃ　tathāgatodbhavāya　svāhā

◎蓮華部三昧耶

雙手虛心合掌。將二拇指、二小指的指頭相接，中間六指稍許彎曲，如綻放蓮華的花形。

【真言】

唵　跛娜謨納婆嚩也　娑嚩訶

oṁ　padmodbhavāya　svāhā

◉金剛部三昧耶

雙手左覆右仰，手背相對。以右拇指與左小指相交叉，以左拇指與右小指相交，餘中間的六指分開貼在手背上，如三鈷杵之形。

【真言】

唵　嚩日盧納婆嚩也　娑嚩訶

oṃ vajrodbhavāya svāhā

⊙被甲護身

雙手二小指、二無名指以右壓左相交錯，屈入掌中縛；二中指申豎，指尖相接；將二食指立在二中指後，成鉤形，但不與中指背相接；二拇指並豎，壓二無名指邊側。

【真言】

唵　嚩日羅銀儞鉢囉捻跛跢也　娑嚩訶

oṃ　vajrāgni-pradīptāya　svāhā

◉加持香水

右手食指、中指伸直，以拇指壓無名指，成劍印。

【真言】

唵　阿蜜哩諦　吽　發吒

oṃ　amṛte　hūṃ　phaṭ

⦿覽字觀──金剛合掌

雙手密合，十指指尖交錯，將右手五指置於左手各指之上。

【真言】

南麼　三曼多勃馱喃　覽（淨法界真言）

namaḥ samanta-buddhānāṃ raṃ

◉觀佛—金剛合掌

雙手密合，十指指尖交錯，將右手五指置於左手各指之上。

【真言】

欠 嚩日囉馱覩

khaṃ vajra-dhāto

⊙金剛起

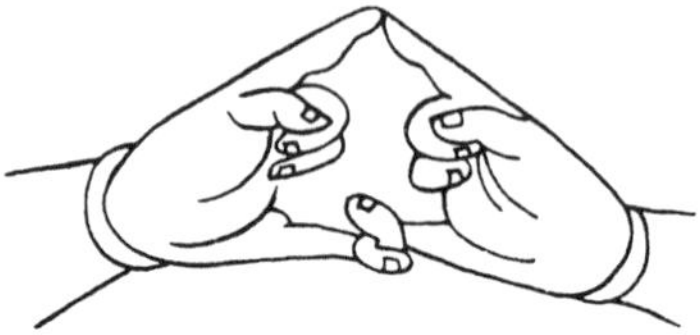

兩手作拳，鉤結兩小指，伸直兩食指相拄，一上一下移動做三次。

【真言】

唵　跋折囉　底瑟咤

oṃ　vajra　tiṣṭha

⊙本尊普禮

金剛合掌，即雙手密合，十指指尖交錯，將右手五指置於左手各指之上。

【真言】

唵　薩嚩怛他蘗多播那滿娜曩　迦嚕彌

oṁ　sarva-tathāgata-pāda-vandanāṃ　karomi

⊙啟白、神分、祈願

⊙金剛部三昧耶

雙手左覆右仰，手背相對。以右拇指與左小指相交叉，以左拇指與右小指相交，餘中間的六指分開貼在手背上，如三股杵之形。

【真言】

唵　嚩日盧納婆嚩也　娑嚩訶

om　vajrodbhavāya　svāhā

◉九方便

1.出罪方便——大惠刀印

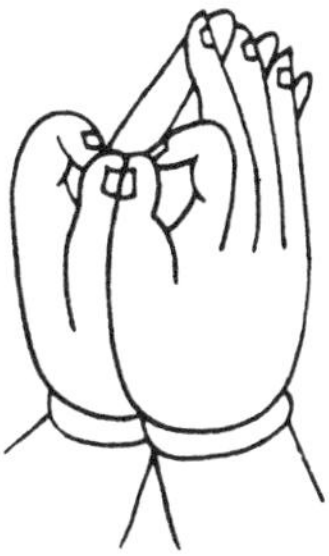

金剛合掌，兩拇指並立，彎曲兩食指，以其指面拄兩拇指指端。

【真言】

唵 薩婆播波薩怖吒娜訶曩伐折羅也 莎訶

oṃ sarva-pāpa-sphoṭa-dahana-vajrāya svāhā

2.歸依方便——金剛合掌

雙手密合，十指指尖交錯，將右手五指置於左手各指之上。

【真言】

唵 薩婆勃馱菩提薩怛鑁 設嚩赦 蘖車弭 伐折囉達麼 頡唎

oṃ sarva-buddha-bodhisattvaṃ śaraṇaṃ gaccgāmi vajra-dharma hrīḥ

3.施身方便

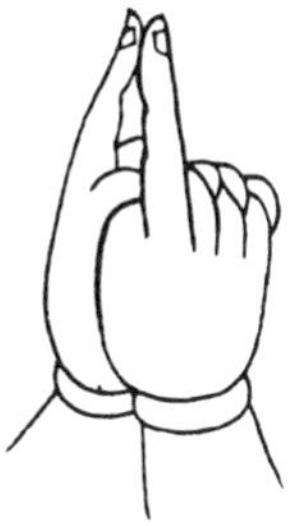

雙手內縛，二食指申豎相拄成獨胋印。

【真言】

唵 薩婆怛他蘖多布闍鉢囉跋嘌多曩夜怛忙難 哩𡃤夜哆夜弭 薩婆怛他蘖多室 柘地底瑟咤多 薩婆怛他蘖多若難 謎 阿味設覩

oṃ sarva-tathāgata-pūjā-pravartanāy' ātmānaṃ niryātayāmi sarva-tathāgatāś cādhitiṣtbantāṃ sarva-tathāgata-jñānaṃ me āveśatu

4.發菩提心方便——法界定印

右手背疊在左掌心，掌心向上，置於膝上，使兩拇指尖輕輕相觸。

【真言】

唵　冒地唧多母怛波捺夜彌

oṃ　bodhi-cittam　utpādayāmi

5. 隨喜方便——金剛合掌

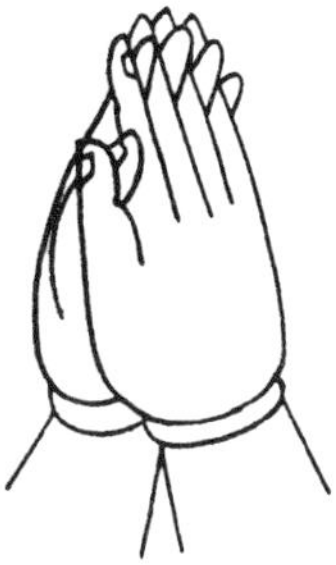

雙手密合，十指指尖交錯，將右手五指置於左手各指之上。

【真言】

唵 薩婆怛他蘖多本若若囊努暮捺那布闍迷伽參暮捺囉薩叵囉寧三麼曳 吽

oṃ sarva-tathāgata-puṇya-jñānānumodana-pūja-megha-samudra-sphara
ṇa-samaye hūṃ

6.奉請法身方便

雙手內縛，食指伸豎，屈如鈎。

【真言】

唵 薩婆怛他蘖多捺睇灑夜弭 薩婆薩怛嚩係多嘌他耶 達麼馱到薩𡃤哪嘌

婆鞞覩

oṃ sarva-tathāgatān adhyeṣayāmi sarva-sattva-hitārthāya dharma-dhātu-sthitir bhavatu

三昧耶戒分

⦿四無量觀—彌陀定印

雙手交叉，兩拇指申豎，指端相觸；食指中節屈豎，以兩食指端與拇指相接；此外，小指、無名指、中指六指相交叉襯者拇指暨食指。

【真言】

摩賀梅怛哩野 颯頗囉

mahā-maitryā sphara

⊙入佛三昧耶

虛心合掌，此印表行者身心清淨。

【真言】

南麼　三曼多勃馱喃　阿三迷　呾㘑三迷三麼曳　莎訶

namaḥ samanta-buddhānāṃ asame trisame samaye svāhā

⊙法界生

兩手作金剛拳，兩食指申豎末端相頂。

【真言】

南麼 三曼多勃馱喃 達摩馱睹薩嚩婆嚩句痕

namaḥ samanta-buddhānāṃ dharma-dhātu-svabhāvako'ham

⊙轉法輪

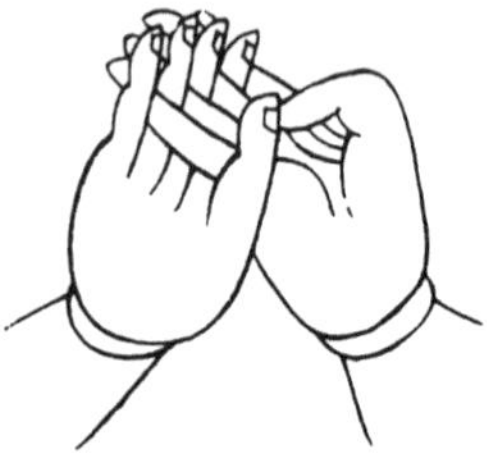

左手手掌向下，伸直五指；右手仰掌向上，伸直五指；以右手食指、中指、無名指、小指四指依序插入左手食指、中指、無名指、小指之間，使左手拇指指端與左手拇指指端在右手手掌中相合。

【真言】

唵　嚩日羅怛麼句唅

oṁ　vajr'ātmako'ham

⦿環金剛甲

虛心合掌，兩食指貼緊兩中指之上，兩拇指並列貼緊中指之側。

【真言】

南麼　三曼多伐折囉赧　伐折囉迦嚩遮　吽

namaḥ samanta-vajrāṇāṃ vajra-kavaca hūṃ

◎無堪忍三摩耶

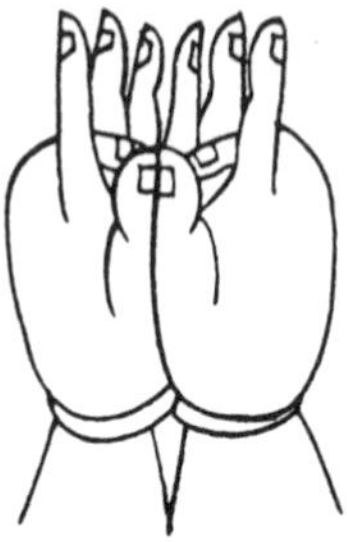

虛心合掌，兩手中指、拇指相頂，其餘六指離散而伸直。

【真言】

南麼　薩婆怛他蘖帝弊　薩婆佩野微蘖帝弊　微濕嚩目契弊　薩婆他　唅
羅吃沙摩訶沫麗　薩婆怛他蘖多奔昵也儞　闍帝　鈝　鈝　怛囉磔　怛囉磔　阿
鉢囉底訶諦　莎訶

namaḥ sarva-tathāgatebhyaḥ sarva-bhaya-vigatebhyaḥ viśva-
mukhebhyaḥ sarvathā haṃ khaṃ rakṣa-mahā-bale sarva-tathāgata-
puṇya nirjāte hūṃ hūṃ traṭ traṭ apratihate svāhā

事業道場分

◉住定印—法界定印

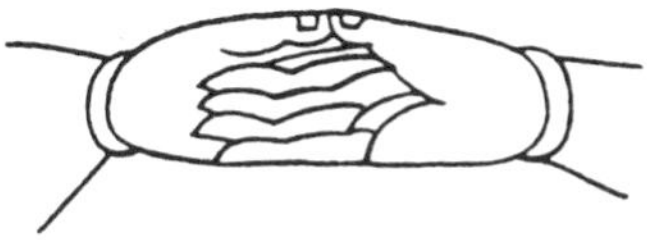

右手背疊在左掌上，仰掌向上放在膝上，使兩拇指相拄。

【真言】

南麼 三曼多勃馱喃 𡁠

namaḥ samanta-buddhānāṃ raṃ

◎結跏趺坐

結跏趺坐通常有兩種坐式：⑴降魔坐：先以右腳趾押於左大腿上，後以左腳趾押於右股上，此即以左押右，手亦以左居上。⑵吉祥坐：先以左腳趾押於右大腿上，後以右腳趾押於左大腿上，此即以右押左，手亦以右押左。這兩種坐式皆是令兩足掌仰於二大腿上。

◎驚發地神

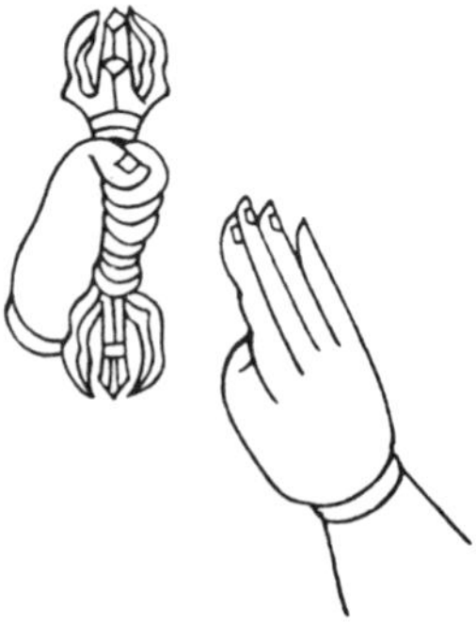

五胋移置左手，反轉放在左胸下。然後伸直右手五指，拇指橫放掌中，按地三次（唸一遍真言）。

【真言】

怛鑁　泥尾　娑乞叉部路悉　薩嚩没馱曩　路易南　左里也曩也尾勢曬數
部密播囉密哆速　者　摩囉細便演　怛他　婆蘖喃　舍吉　也僧呬曩　路易努
怛他賀　魔囉惹演　乞㗚怛嚩　滿拏攬　歷洛佉夜没藥唅

tvaṃ devi sākṣa-bhutā'si sarva-buddhāna tāyinaṃ caryā-
naya-viśeṣeṣu bhūmi-pāramitāsu ca māra-sainyaṃ yathā bhagnaṃ
śākya-siṃhena tayināthā'haṃ māra-jayaṃ krtvā maṇḍalaṃ
lelikhyāmy aham

⊙勸請地神—大鈎召印

內縛，伸直右手食指，鈎一鈎，招三次。

【真言】

南莫 三滿多沒馱喃 鉢里體梅曳 噎醯呬 娑婆賀

namaḥ samanta-buddhānāṃ pṛthivye ehyehi svāhā

⊙地神持—如來拳印

以左手作蓮華拳，右手作金剛拳，以右手小指淺握左手的大拇指。

【真言】

唵 部 欠

oṃ bhūḥ khaṃ

⊙灑淨

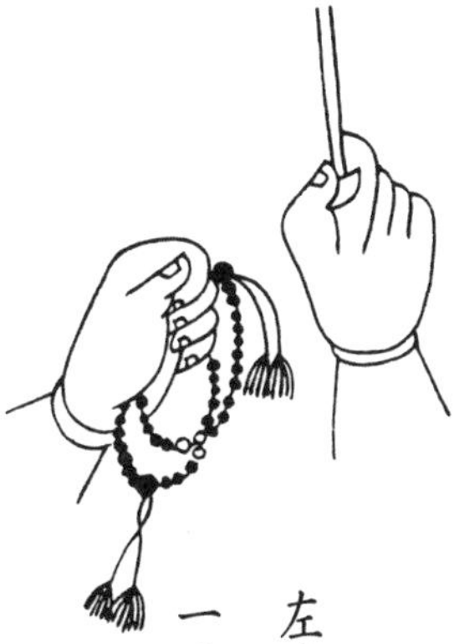

左手指念珠，右手一邊攪拌淨水，一邊唱「喃」字加持二十一遍。

【真言】

南麼 三曼多勃馱喃 阿鉢囉底三迷 伽伽那三迷 三麼多奴揭帝 鉢囉吃㗚底微輸睇 達摩馱睹微戍達儞 莎訶

namaḥ samanta-buddhānāṃ apratisame gaganasame samantānugate prakṛti-viśuddhe dharma-dhātu-viśudhane svāhā

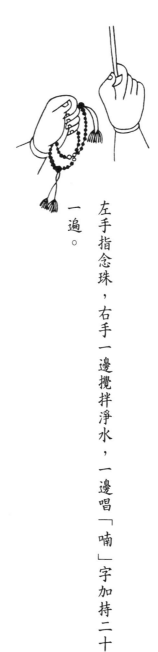

⊙持地

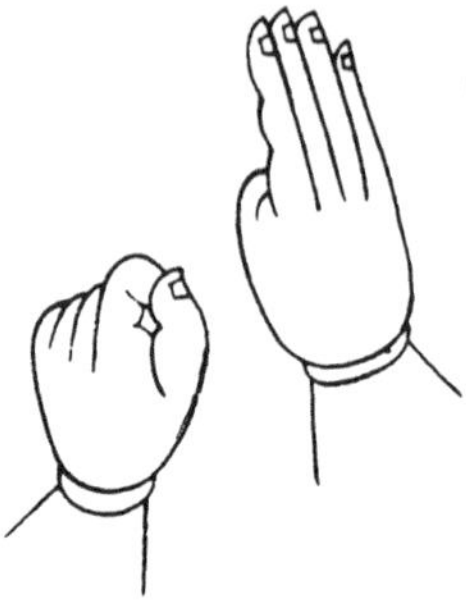

以左拳貼心，右拳伸直五指覆於右膝上，按地。

【真言】

南麼　三曼多勃馱喃　薩婆怛他蘗多地瑟姹那地瑟祉帝　阿者麗　微麼麗

娑麼囉嬭　鉢囉吃㗚底鉢𡃏輸睇　莎訶

namaḥ samanta-buddhānāṃ sarva-tathāgatādhiṣṭhānādhiṣṭhiehite

acale vimale smaraṇi prakṛti-pariśuddhe svāhā

⊙道場觀——法界定印

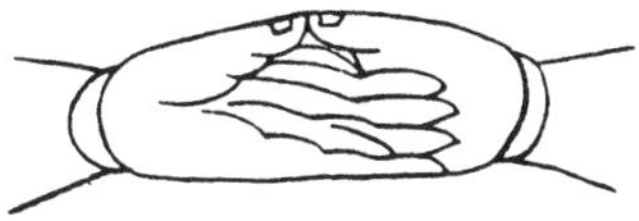

右手背疊在左掌上，仰掌向上放在膝上，使兩拇指相拄。

祕密道場分

⊙器界觀五大印—內五股印

雙手內縛，兩中指、小指、拇指各自豎立，指端相抵，兩食指彎曲如鉤形置於兩中指背，但不相附著。

1.水——八葉印

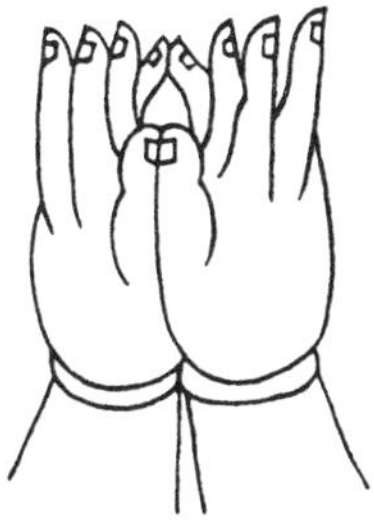

虛心合掌，兩食指、兩中指、兩無名指各自打開，讓各指間留有空隙，彼此不相依附，表綻開之蓮。

【真言】

曩莫 三滿多沒馱喃 阿 鑁 嚂 唅 欠（以下四大觀真言皆同此）

namaḥ samanta-buddhānāṃ a vaṃ raṃ haṃ khaṃ

2.火—火輪印

兩手作金剛拳，兩食指指端相拄。

3.風—轉法輪

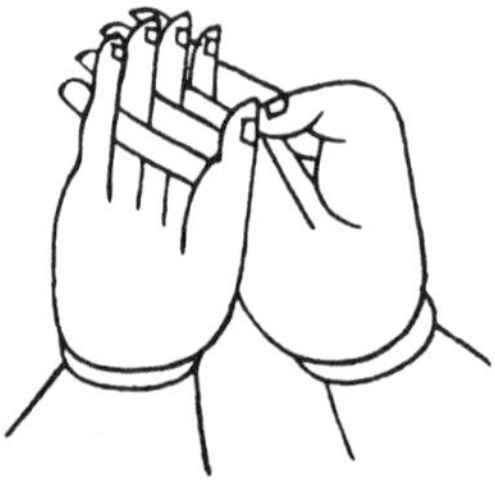

左手手掌向下，伸直五指，右手手掌向上，伸直五指；以右手食、中、無名、小指四指插入左手食、中、無名、小指四指之間，使左手拇指指端與右手拇指指端在右手掌中相合。

4.空——大惠刀印

金剛合掌，兩拇指並立，彎曲兩食指，以其指面拄兩拇指指端。

5.乳海——大海印（法界定印）

右手背疊在左掌上，仰掌向上放在膝上，使兩拇指相拄。

6.金龜——金龜印

兩手內縛，然後仰掌，兩食指指尖伸直，指尖相觸，二拇指來回移動，如金龜於大海游泳之姿。

【真言】

唵　鉢羅　娑縛賀

oṃ　pra　svāhā

7.金剛手持華——內五股印

雙手內縛，兩中指、小指、拇指各自豎立，指端相抵，兩食指彎曲如鉤形，置於兩中指背，但不相附著。

【真言】

嚩 嚩日羅播抳

vaḥ vajra-pāṇe

8.大蓮華王—八葉印

虛心合掌，兩食指、兩中指、兩無名指各自打開，讓各指間留有空隙，彼此不相依附，表綻開之蓮。

【真言】

曩莫　三滿多沒馱南　阿　娑嚩賀

namaḥ samanta-buddhānāṃ a svāhā

9.五色界道—外五股印

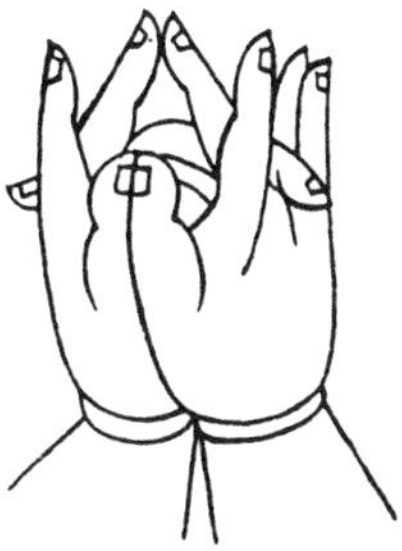

雙手外縛，兩拇指、中指、小指直豎，指端相合，兩食指微屈，靠近中指，但不相著。

【真言】

囉 嚂 迦 麼 訶

ra raṃ ka ma ha

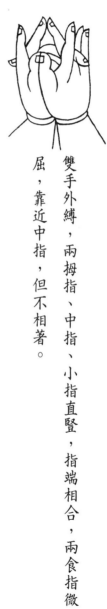

◎曼陀羅概觀─住如來拳印

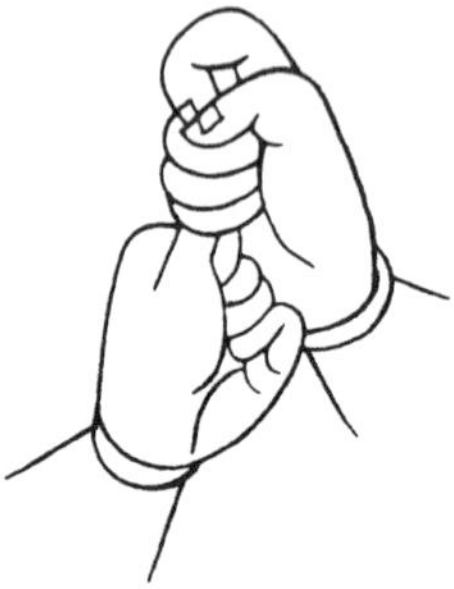

以左手作蓮華拳，右手作金剛拳，以右手小指淺握左手大拇指。

◎三部字輪觀─火輪印

兩手作金剛拳，兩食指指端相頂。

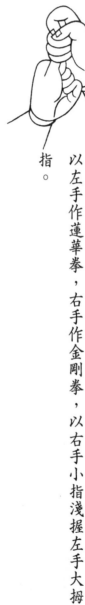

諸會諸聖分

⊙中台八葉院（祕密八印）

1.大威德生（寶幢如來）

虛心合掌，兩小指、兩食指伸直而散。

【真言】

南麼 三曼多勃馱喃 　 囕 　 喀 　 莎訶

namaḥ samanta-buddhānāṃ raṃ raḥ svāhā

2.金剛不壞（開敷華王如來）

虛心合掌，彎曲兩食指置於拇指之上，兩小指離開而立。

【真言】

南麼　三曼多勃馱喃　鑁　嚩　莎訶

namaḥ samanta-buddhānāṃ vaṃ vaḥ svāhā

3.蓮華藏（阿彌陀如來）——八葉印

虛心合掌，兩食指、兩中指、兩無名指各自打開，讓各指間留有空隙，彼此不相依附，表綻開之蓮。

【真言】

南麼 三曼多勃馱喃 糝 索 莎訶

namaḥ samanta-buddhānāṃ saṃ saḥ svāhā

4.萬德莊嚴（天鼓雷音如來）

蓮華合掌，二小指屈入掌中。

【真言】

南麼　三曼多勃馱喃　含　鶴　莎訶

namaḥ samanta-buddhānāṃ haṃ haḥ svāhā

5.一切支分生（普賢菩薩）

雙手作蓮華合掌，二拇指並豎，指端微屈。

【真言】

南麼 三曼多勃馱喃 暗 噁 莎訶

namaḥ samanta-buddhānāṃ aṃ aḥ svāhā

6.世尊陀羅尼（觀自在菩薩）

蓮花合掌，彎曲兩中指成鈎狀而相背。

【真言】

南麼　三曼多勃馱喃　勃馱陀羅尼　娑沒嘌底沫羅馱那羯㘑　馱囉也　薩鑁

薄伽嚩底　阿迦囉嚩底　三麼曳　莎訶

namaḥ samanta-buddhānāṃ buddha-dhāraṇi smṛti-bala-dhāna-kari

dharaya sarvaṃ bhagavaty-ākāravatii samaye svāhā

7.法住（文殊師利菩薩）

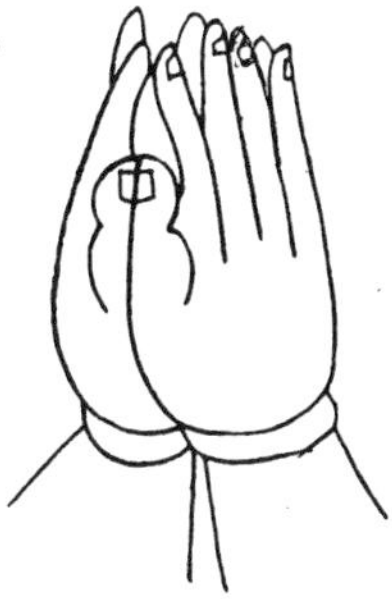

蓮華合掌，二中指分開。

【真言】

南麼 三曼多勃馱喃 阿 吠娜尾泥 莎訶

namaḥ samanta-buddhānāṃ ā veda-vide svāhā

8.迅疾持（彌勒菩薩）

金剛合掌，即雙手密合，十指指尖交錯，將右手五指置於左手各指之上。

【真言】

南麼 三曼多勃馱喃 摩訶瑜伽瑜擬寧 瑜詣說囉 欠若唎計 莎訶

namaḥ samanta-buddhānāṃ mahā-yoga-yogini yogeśvari khāñjalike svāhā

9.百光遍照（大日如來）——金剛合掌

金剛合掌，即雙手密合，十指指尖交錯，將右手五指置於左手各指之上。

【真言】

南麼　三曼多勃馱喃　暗

namaḥ samanta-buddhānāṃ　aoṃ

10.滿足一切智智（大日如來）——外五股印

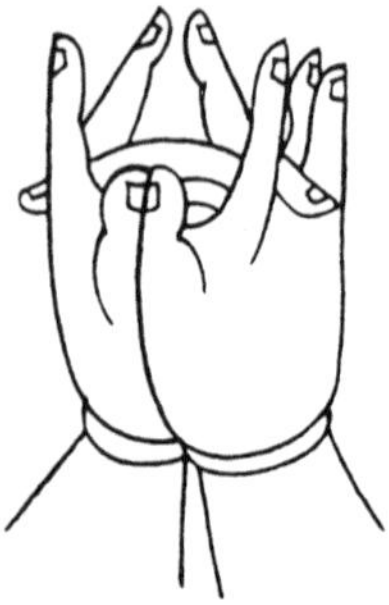

雙手外縛，兩中指、拇指、小指各自並豎，兩食指彎曲如鉤形，置於兩中指背側，但不相附著。

【真言】

南麼　三曼多勃馱喃　阿　味　囉　吽　欠

namaḥ samanta-buddhānāṃ　aḥ　vi　ra　hūṃ　khaṃ

11.遍法界無所不至（大日如來）——大惠刀印

金剛合掌，兩拇指並立，彎曲兩食指，拄兩拇指指端。

【真言】

南麼　薩婆怛他蘗帝曮　微濕嚩目契弊　薩婆他　阿　阿　闇　噁

namaḥ sarva-tathāgatebhyo viśva-mukhebhyaḥ sarvathā a ā aṃ aḥ

⊙遍知院

1.虛空眼明妃

虛心合掌，二食指不接合，二拇指並立。

【真言】

南麼　三曼多勃馱喃　伽伽那嚩囉落吃灑孏　伽伽那糝迷　薩婆覩嗢蘗多避
娑囉三婆吠入縛羅　那謨　阿目伽難　娑訶

namaḥ samanta-buddhānāṃ gagana-vara-lakṣaṇe gagana-same
sarvatodgatābhiḥ sāra-sambhave jvala namo'moghānāṃ svāhā

2. 一切菩薩—八葉印

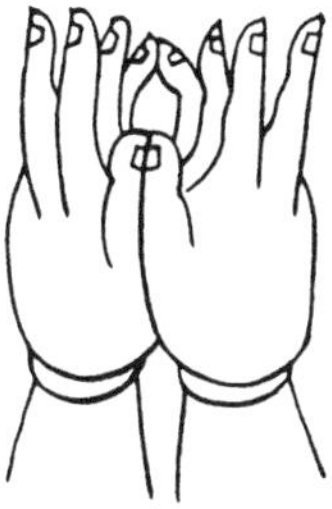

虛心合掌，兩拇指、兩中指、兩無名指各自打開，讓各指間留有空隙，彼此不相依附，表綻開之蓮。

【真言】

南麼　三曼多勃馱喃　薩婆他微麼底微枳囉儜達麼馱嗜哩闍多　參　參　訶
莎訶

namaḥ samanta-buddhānāṃ sarvathā-vimati-vikiraṇa-dharma-dhātu-
nirjāta saṃ saṃ ha svāhā

⊙觀音院

1.多羅菩薩

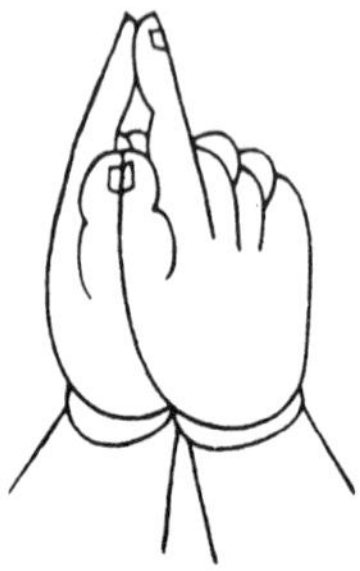

內縛，豎二食指相合如針，二拇指並豎而壓之。

【真言】

南麼　三曼多勃馱喃　羯嚕呶嗢婆吠　哆囉哆囒抳　莎訶

namaḥ samanta-buddhānāṃ karuṇodbhave tāre tāriṇi svāhā

2. 毗俱胝菩薩

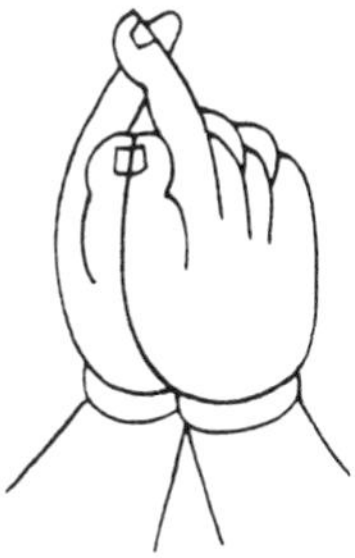

內縛，二食指伸豎相交，以右壓左，再以二拇指並豎壓二食指。

【真言】

南麼　三曼多勃馱喃　薩婆陪也怛囉散儞　鈝　薩破吒也　莎訶

namaḥ samanta-buddhānāṃ sarva-bhaya-trāsani hūṃ sphoṭaya svāhā

3.大勢至菩薩

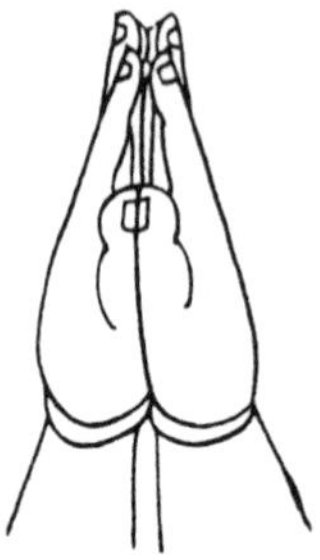

虛心合掌，即兩掌相合，十指合攏，兩掌之中稍成虛圓不密合。

【真言】

南麼 三曼多勃馱喃 髯 髯 索 莎訶

namaḥ samanta-buddhānāṃ jaṃ jaṃ saḥ svāhā

4.耶輸陀羅菩薩

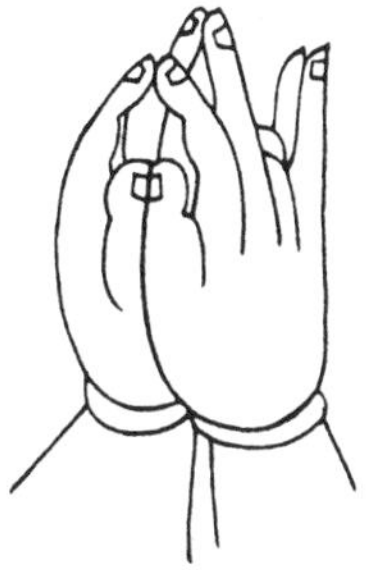

先以蓮華合掌，屈二無名指，兩指甲相合，入於掌中，二拇指相並。

【真言】

曩莫　三滿多沒馱喃　琰　野戍馱囉野　娑嚩賀

namaḥ samanta-buddhānāṃ yaṃ yaśodharāya svāhā

5.白處尊菩薩

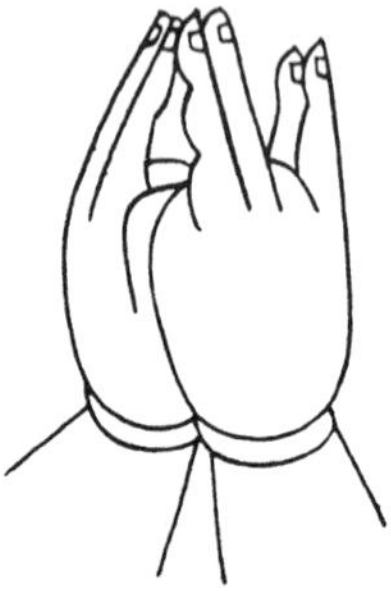

雙手虛心合掌，二無名指與大拇指屈入掌中。

【真言】

南麼　三曼多勃馱喃　怛他蘗多　微灑也三婆吠　鉢曇摩忙履儞　莎訶

namaḥ samanta-buddhānāṃ tathāgata viṣaya-sambhave padma-mālini svāhā

6.馬頭明王——諸菩薩普印

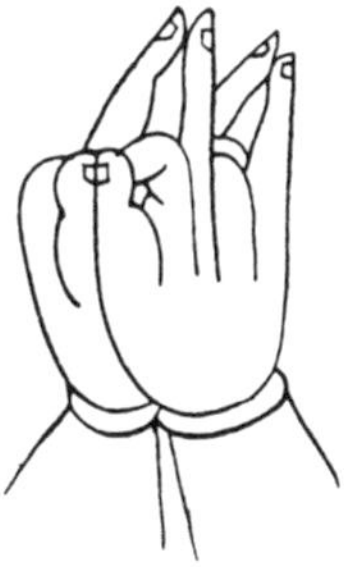

雙手虛心合掌，兩食指、無名指彎曲，指甲相合，置於掌中，而後兩拇指並豎稍微彎曲。

【真言】

南麼 三曼多勃馱喃 𤙖 佉陀 畔闍 薩破吒也 莎訶

namaḥ samanta-buddhānāṃ hūṃ khāda bhañja sphoṭaya svāhā

7. 地藏菩薩——鉢印

先做虛心合掌，食指以下四指指尖相接，雙手掌向上稍許分開，二拇指靠二食指側。

【真言】

南麼　三曼多勃馱喃　訶　訶　訶　素怛弩　莎訶

namaḥ samanta-buddhānāṃ ha ha ha sutanu svāhā

⦿金剛手院

1.金剛手菩薩──內縛五股印

雙手內縛，兩中指、小指、拇指各自豎立，指端相抵，兩食指彎曲如鉤形，置於兩中指背，但不相附著。

【真言】

南麼 三曼多伐折囉赦 戰拏摩訶嚕灑拏 鈝

namaḥ samanta-vajrāṇāṃ caṇḍa-mahā-roṣaṇa hūṃ

2.忙莽雞金剛

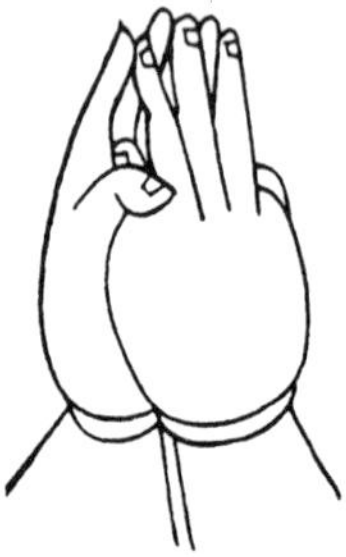

兩手先做虛心合掌，二大拇指交叉，二小指屈入掌中。

【真言】

南麼　三曼多伐折囉赧　怛嘌吒　怛嘌吒　若衍底　莎訶

namaḥ samanta-vajrāṇāṃ triṭ triṭ jayanti svāhā

3.金剛針

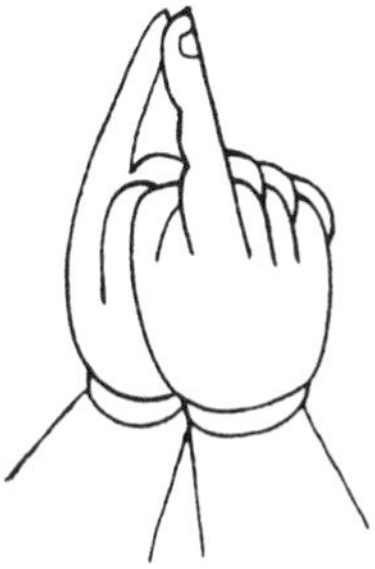

兩手先做內縛拳，兩食指直豎併立，相合如獨股印。

【真言】

南麼　三曼多伐折囉赧　薩婆達麼儞唎吠達儞　伐折囉素旨嚩囉泥　莎訶

namaḥ samanta-vajrāṇāṃ sarva-dharma-nirvedhani-vajra-suci varde svāhā

4.金剛鏁

手臂交叉，十指內縛。

【真言】

南麼　三曼多伐折囉赧　滿陀　滿陀也　暮吒　暮吒也　伐折路嗢婆吠　薩嚩怛囉鉢囉底訶諦　莎訶

namaḥ samanta-vajrāṇāṃ bandha bandhaya moṭa moṭaya vajrodbhave sarvatrā pratihate svāhā

5.降三世金剛──內五股印

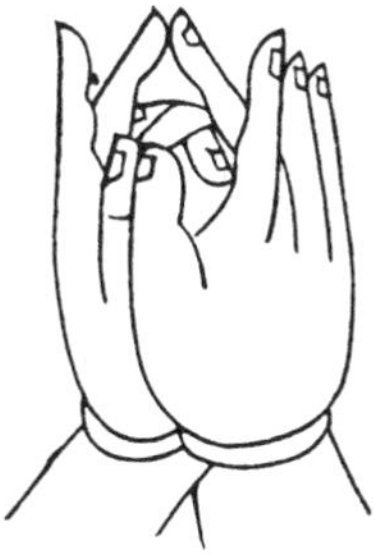

雙手內縛，兩中指、小指、拇指各自豎立，指端相抵，兩食指彎曲如鉤形，置於兩中指背，但不相附著。

【真言】

唵　遜婆　儞遜婆　吽　屹哩恨拏　屹哩恨拏　吽　屹哩恨拏播野　吽　阿那野　呼　婆誐鑁　嚩日囉　吽　發吒

sumbha niśumbha huṃ gṛhṇa gṛhṇa huṃ gṛhṇapaya
huṃ ānayaho bhagavan vajra huṃ phaṭ

6. 一切持金剛——金剛部三昧耶

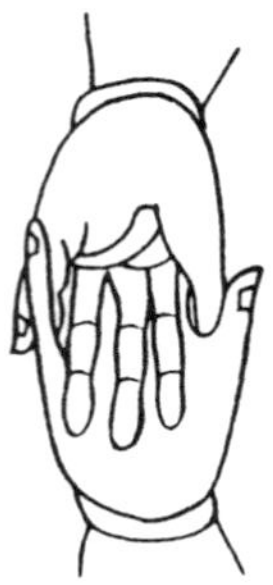

左手手掌向下，右手掌心朝上，兩手背對背相叉，左小指與右大拇指相叉，左大拇指與右小指相叉，中間三指作三股杵觀。

【真言】

曩莫　三曼多伐折囉赧　鈝　鈝　鈝　發吒　發吒　發吒　髯　髯　莎訶

namaḥ samanta-vajrāṇāṃ hūṃ hūṃ hūṃ phaṭ phaṭ phaṭ jaṃ jaṃ svāhā

7.金剛拳

內縛，二拇指並豎，兩肘相並，高舉如擎槌狀。

【真言】

南麼 三曼多伐折囉赦 薩破吒也 伐折囉三婆吠 莎訶

namaḥ samanta-vajrāṇāṃ sphoṭaya vajra-sambhave svāhā

8. 一切奉教金剛

兩手內縛，二食指上節稍彎曲，指尖相觸，二大指併立。

【真言】

南麼 三曼多伐折囉赧 係 係 緊 質囉也徒 訖嚟佷儜 訖嚟佷儜 佉娜 佉娜 鉢囉布囉也 薩嚩鉢囉底然 莎訶

namaḥ samanta-vajrāṇāṃ he he kiṃ cirāyasi gṛhṇa gṛhṇa khāda khāda pari-pūraya sva-pratijñāṃ svāhā

⊙持明院

1.般若菩薩—梵夾印

左手平伸，掌心向上，右手掌心向下覆於左手上。

【真言】

唵 地 室哩輸嚕多尾惹曳 娑嚩賀

oṃ dhi śrī-śrūta-vijaye svāhā

2. 不動尊

內縛，以兩大拇指按兩中指之甲，兩食指合併而立。

【真言】

曩謨　薩嚩怛他蘖帝毗藥　薩嚩目契毗藥　薩嚩他怛囉吒　頂拏摩賀路灑拏

欠　佉呬　佉呬　薩嚩尾覲喃　吽　怛囉吒　憾　鋡

namaḥ　sarva-tathagate　bhyaḥ　sarva-mukhebhyaḥ　sarvathā-traṭ

caṇḍa-mahā-roṣaṇa　khaṃ　khāhi　khāhi　sarva-vighnaṃ　hūṃ

traṭ　hāṃ　māṃ

3. 降三世

雙手作忿怒拳，左手為下，右手為上，手背相向，此時兩小指背向勾結，兩食指申豎。

【真言】

唵 遜婆 儞遜婆 吽 屹哩恨拏 屹哩恨拏 吽 屹哩恨拏播野 吽 阿那野 呼 婆誐鑁 嚩日囉 吽 發吒

oṃ śumbha niśumbha huṃ gṛhṇa gṛhṇa huṃ gṛhṇāpaya huṃ ānaya ho bhagavan vajra huṃ phaṭ

4.大威德

雙手內縛，兩中指豎立，指端相合。

【真言】

唵　紇唎　瑟置力　尾訖哩多娜曩　吽　薩嚩設咄喻　娜捨野　薩担婆野

沙担婆野　娑發吒　娑發吒　娑嚩賀

oṃ　hrīḥ　ṣṭrī　vikṛt'ānana　hūṃ　sarva-śatrūn　nāśaya

stambhaya　stambhaya　sphoṭa　sphoṭa　svāhā

ṣṭri

5.勝三世—外五胋印

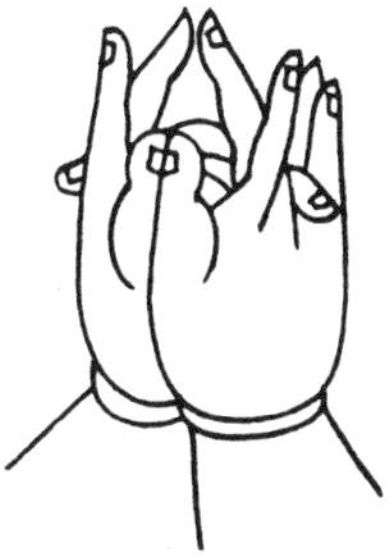

雙手外縛，兩中指、拇指、小指各自並豎，兩食指彎曲如鉤形，置於兩中指背側，但不相附著。

【真言】

南麼　三曼多伐折囉赧　訶　訶　訶　微薩麼曳　薩婆怛他揭多微灑也三婆嚩怛囇路枳也微若也　鈝　若　莎訶

namaḥ samanta-vajrāṇāṃ ha ha ha vismaye sarva-tathāgata-viṣaya-sambhava-trailokya-vijaya hūṃ jaḥ svāhā

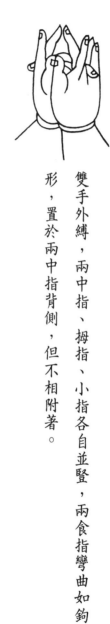

⊙釋迦院

1.釋迦牟尼佛

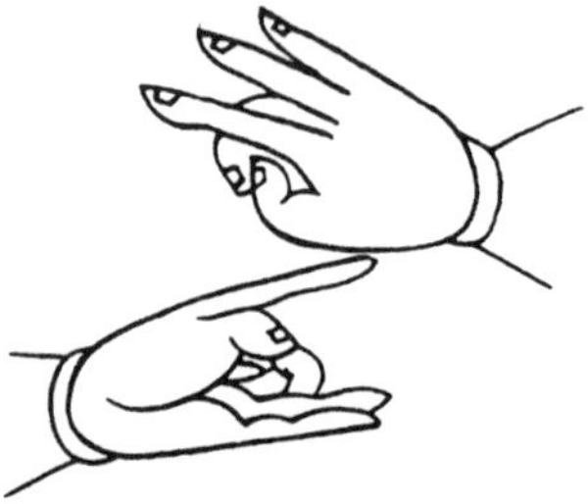

伸直兩手五指，拇指與中指各相捻，左手在胸前仰上，右手在左手上方，勿相疊。

【真言】

南麼　三曼多勃馱喃　薩婆吃麗奢哩素捺那薩婆達摩　嚩始鉢囉鉢多　伽伽娜三摩三麼　莎訶

namaḥ samanta-buddhānāṃ sarva-kleśa-niṣūdana sarva-dharma-vaśitā-prāpta gagana-samāsama svāhā

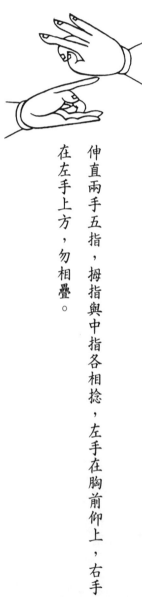

2. 能寂母——佛眼印

虛心合掌，兩食指張開，餘三指指尖輕相觸，拇指併立，指甲相觸。

【真言】

南麼 三曼多勃馱喃 怛他揭多斫吃芻尾也嚩路迦也 莎訶

namaḥ samanta-buddhānāṃ tathāgata-cakṣu-vyavalokāya svāhā

3. 毫相

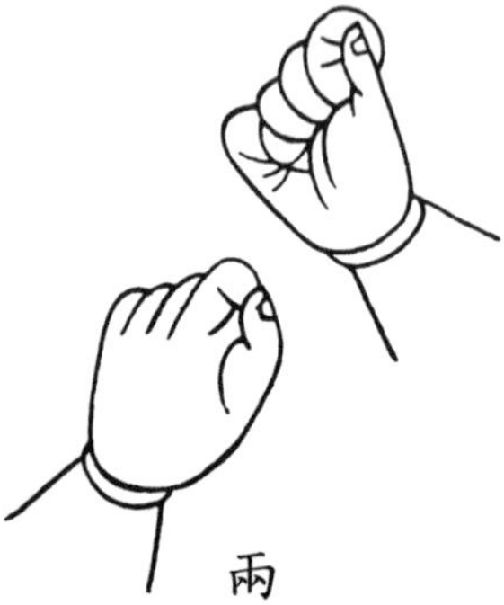

兩手作金剛，左拳安腰，右拳置眉間。

【真言】

南麼 三曼多勃馱喃 嚩囉泥 嚩囉鉢囉鉢帝 吽

namaḥ samanta-buddhānāṃ varade vara-prāpte hūṃ svāhā

4. 一切諸佛頂

右手五指聚攏置於頂上，左拳安腰。

【真言】

南麼 三曼多勃馱喃 鑁 鑁 鈝 鈝 鈝 發吒 莎訶

namaḥ samanta-buddhānāṃ vaṃ vaṃ hūṃ hūṃ hūṃ phaṭ svāhā

5.白傘蓋佛頂

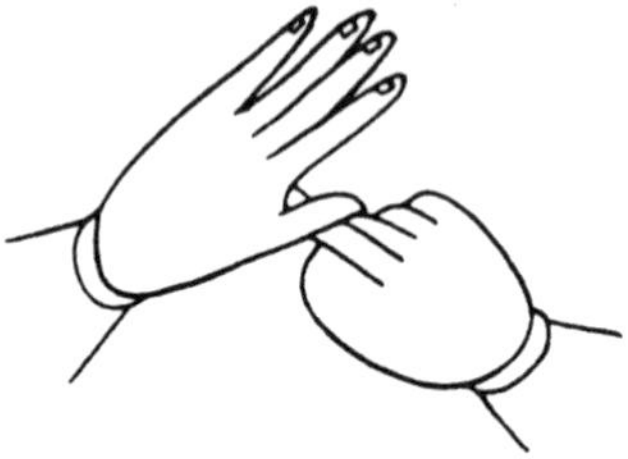

左手五指舒掌下覆，右拳食指伸入左掌心拄之，成傘形。

【真言】

曩莫　三滿多沒馱喃　嚂　悉怛多鉢登囉鄔瑟抳灑　娑嚩賀

namaḥ samanta-buddhānāṃ laṃ sitātapatroṣṇīṣa svāhā

6.勝佛頂—大惠刀印

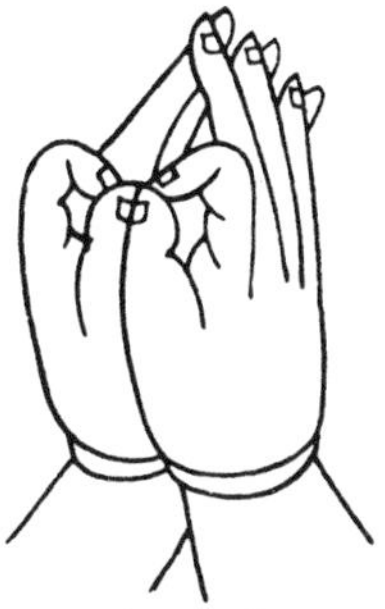

金剛合掌，而後兩拇指並立，彎曲兩食指，以其指拄兩拇指指端。

【真言】

曩莫　三滿多沒馱喃　苫　惹庾鄔瑟抳灑　娑嚩賀

namaḥ samanta-buddhānāṃ śaṃ jayoṣṇīṣa svāhā

7.最勝佛頂

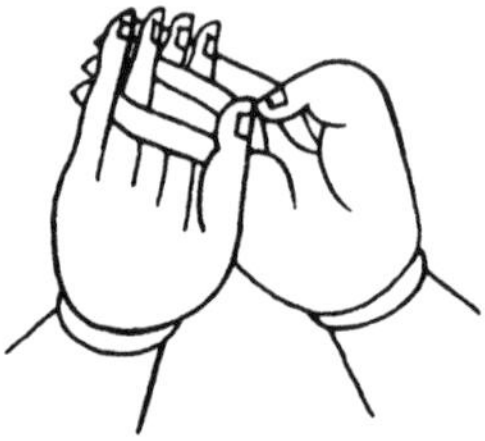

轉法輪印。左手手掌向下，伸直五指；右手仰掌向上，伸直五指，以右手食指、中指、無名指、小指四指插入左手食指、中指、無名指、小指之間，使左手大拇指指端與右手大拇指指端在右手掌中相合。

【真言】

曩莫　三滿多沒馱喃　施　枲　尾惹庚鄔瑟抳灑　娑嚩賀

namaḥ samanta-buddhānāṃ śī si vijayoṣṇīṣa svāhā

8.光聚佛頂

內縛三鈷印（被甲印）。雙手內縛，兩中指豎起，指端相合，兩食指彎曲如鈎形，置兩中指背，但不相附著，形如三鈷杵，而兩拇指並排豎立，輕壓兩無名指。

【真言】

曩莫　三滿多沒馱喃　怛陵　帝儒羅施鄔瑟抳灑　娑嚩賀

namaḥ samanta-buddhānāṃ triṃ tejo-rāśy-uṣṇīṣa svāhā

9.除障佛頂──大鉤召印

內縛，伸直右手食指，鉤一鉤，招三次。

【真言】

曩莫　三滿多沒馱喃　訶嚕唵　尾枳囉拏半祖鄔瑟抳灑　娑嚩賀

namaḥ samanta-buddhānāṃ hrūṃ vikīraṇa-pañcoṣṇīsa svāhā

10.廣生佛頂（無量聲佛頂）

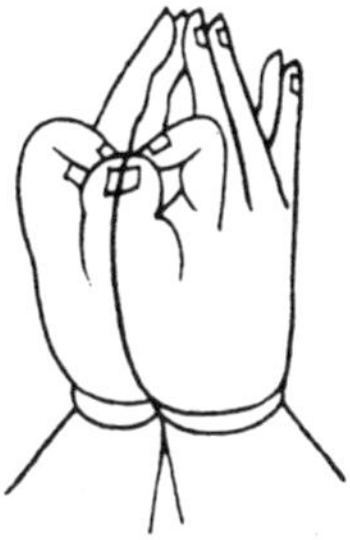

二手虛心合掌，二拇指並立，二食指作鉤狀與拇指相捻，餘六指直豎，小指與無名指分開。

【真言】

曩莫　三滿多沒馱喃　吽　惹庚鄔瑟抳灑　娑嚩賀

namaḥ samanta-buddhānāṃ hūṃ jayoṣṇīṣa svāhā

11.聲聞眾——梵夾印

左手平伸五指，掌心仰上，右手掌心朝下，覆於左手掌心。

【真言】

南麼　三曼多勃馱喃　係睹鉢羅底也微蘖多羯麼涅闍多　吽

namaḥ samanta-buddhānāṃ hetu-pratyaya-vigata-karma-nirjāta
hūṃ

12.緣覺眾

雙手內縛，兩中指豎立相拄如環狀。

【真言】

南麼　三曼多勃馱喃　嚩

namaḥ samanta-buddhānāṃ vaḥ

13.無能勝

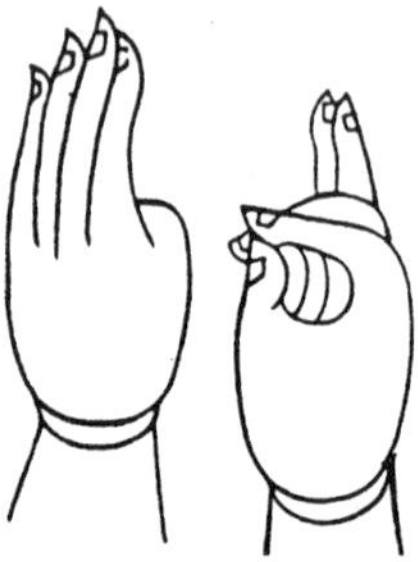

右手於胸前結持華印，大拇指與食指相捻，中指屈於掌中小指、無名指直立散開，左手五指直立，掌心朝下。

【真言】

南麼　三曼多勃馱喃　地唛　地唛　唛　唛　馹唛　馹唛　莎訶

namaḥ samanta-buddhānāṃ dhriṃ dhriṃ riṃ riṃ jriṃ jriṃ svāhā

14.無能勝妃

兩手內縛，二大拇指分開，稍彎曲，指尖置於食指兩側。

【真言】

南麼　三曼多勃馱喃　阿鉢囉爾帝　若衍底怛抳帝　莎訶

namaḥ samanta-buddhānāṃ aparājiteo jayanti taḍite svāhā

文殊院

1. 文殊師利菩薩

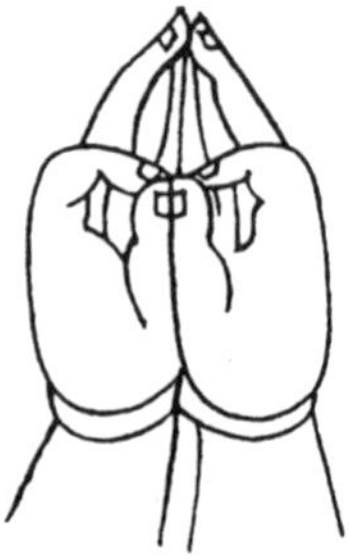

虛心合掌，兩食指彎曲，與大拇指相捻。

【真言】

南麼　三曼多勃馱喃　係　係　俱摩囉迦微目吃底鉢他悉體多　薩麼囉　薩麼囉　鉢囉底然　莎訶

namaḥ samanta-buddhānāṃ he he kumāraka vimukti-patha-sthita smara smara pratijñāṃ svāhā

2. 光網菩薩

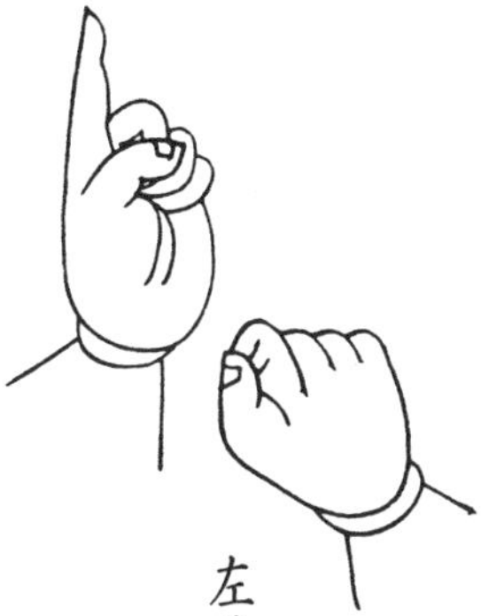

左手作拳，食指伸展稍微彎曲如鉤狀；右拳安腰。

【真言】

南麼 三曼多勃馱喃 係 係 矩忙囉 忙耶蘖多 娑嚩婆嚩悉體多 莎訶

namaḥ samanta-buddhānāṃ he he kumāra māya-gata svabhāva-sthita svāhā

3.無垢光菩薩

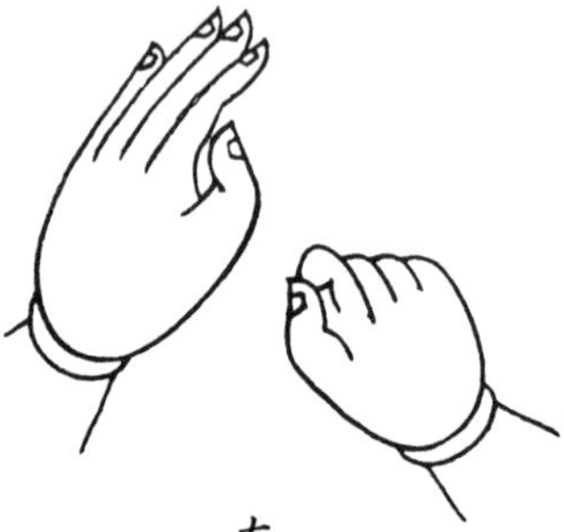

左手五指伸展，各指第三節皆稍微彎曲；右拳安腰。

【真言】

南麼　三曼多勃馱喃　係　矩忙囉　微質怛囉蘖底　矩忙囉麼努娑麼囉　莎訶

namaḥ samanta-buddhānāṃ he kumāra vicitra-gati kumāram anusmara svāhā

4. 計設尼

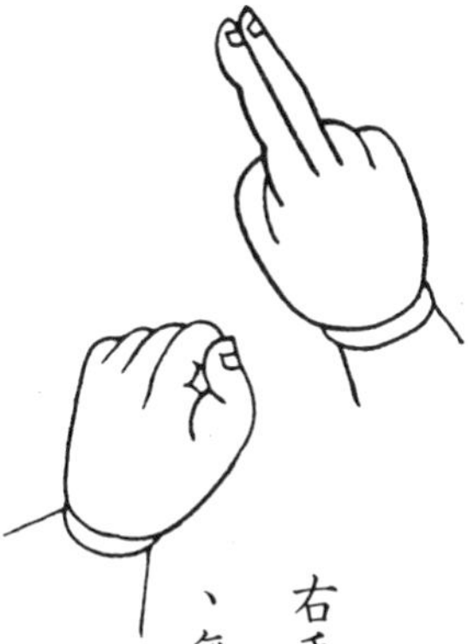

右手作蓮花拳，食指、中指豎起，青龍軌則以拇指傾壓小指、無名指之指甲；左拳安腰。

【真言】

南麼　三曼多勃馱喃　係　係　矩忙嚕計娜耶壤難　娑摩囉鉢囉　底然　莎訶

namaḥ samanta-buddhānāṃ he he kumārike dayā-jñānaṃ smara pratijñāṃ svāhā

5.烏波計設尼

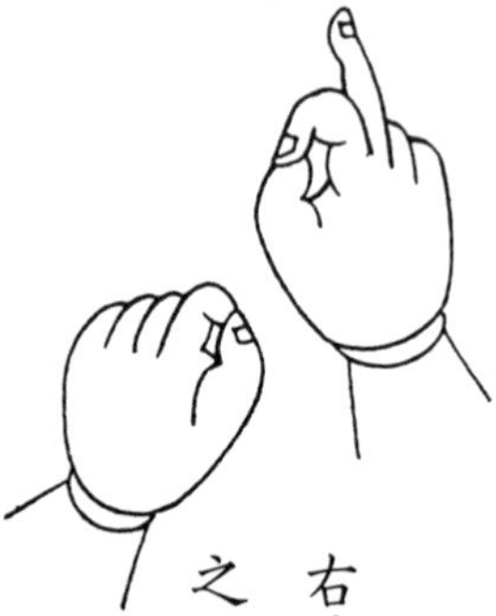

右手作蓮花拳，中指伸展為戟形，以拇指傾壓無名指、小指之甲。

【真言】

南麼　三曼多勃馱喃　頻娜夜壤難　係　矩忙嚗計　莎訶

namaḥ samanta-buddhānāṃ bhinnayājñānaṃ he kumārike svāhā

6. 地惠菩薩

右手握蓮華拳安腰；左手握拳，小指、無名指直豎，中指、食指與大拇指指甲相押。

【真言】

南麼 三曼多勃馱喃 係 娑麼囉 壤那計覩 莎訶

namaḥ samanta-buddhānāṃ he smara jñāna-ketu svāhā

7.質怛羅童子

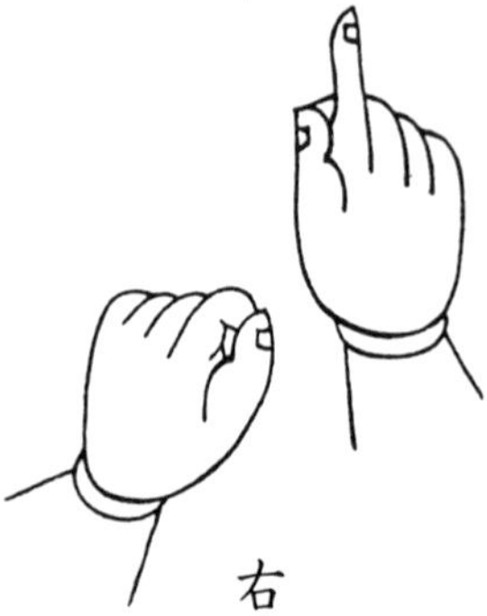

右手握拳，食指豎立如杖形。左手握蓮華拳。

【真言】

曩莫　三滿多沒馱喃　弭㗚　質多羅　娑嚩

namaḥ samanta-buddhānāṃ　mili　citra　svāhā

8. 召請童子

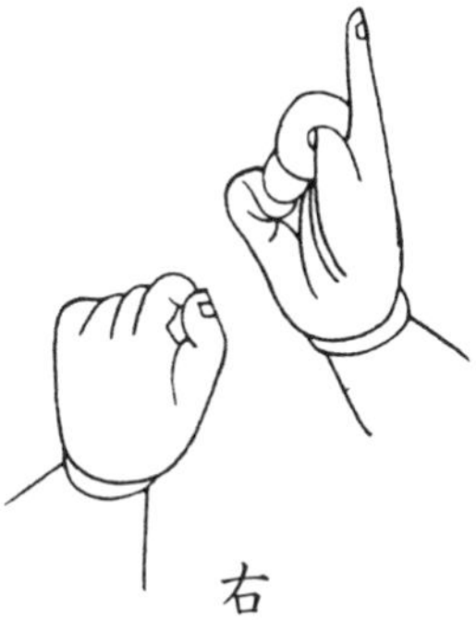

右手作蓮花拳，食指彎曲成鈎狀。

【真言】

南麼　三曼多勃馱喃　阿羯囉灑也　薩鑁矩嚕　阿然　矩忙囉寫　莎訶

namaḥ samanta-buddhānāṃ　ākarṣaya　sarvāṃ　kuru ājñāṃ kumārasya　svāhā

9. 不思議童子

雙手內縛，兩食指伸展並彎曲合甲，兩拇指並豎。

【真言】

南麼　三曼多勃馱喃　阿　微娑麼也儜曳　莎訶

namaḥ samanta-buddhānāṃ āḥ vismayanīye svāhā

除蓋障院

1.除一切蓋障菩薩

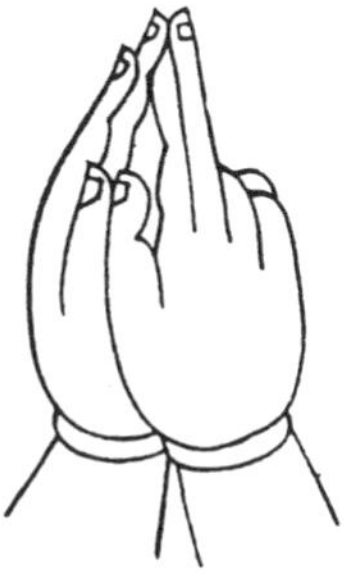

虛心合掌，兩小指、無名指屈入掌中，二中指、食指並立。

【真言】

南麼 三曼多勃馱喃 阿 薩埵係多毗庾蘗多 怛嚂 怛嚂 嚂 嚂 莎訶

namaḥ samanta-buddhānāṃ āḥ sattva-hitābhyudgata traṃ traṃ

traṃ raṃ svāhā

2.除疑怪菩薩

兩手內縛，中指稍曲，指尖相合，如空瓶上獨股杵。

【真言】

南麼　三曼多勃馱喃　微麼底掣諾迦　莎訶

namaḥ samanta-buddhānāṃ vimati-cchedaka svāhā

3. 施無畏菩薩

左手握蓮華拳，右手做施無畏印。

【真言】

南麼　三曼多勃馱喃　阿佩延娜娜　娑嚩賀

namaḥ samanta-buddhānāṃ abhayaṃ-dada svāhā

4.除一切惡趣菩薩

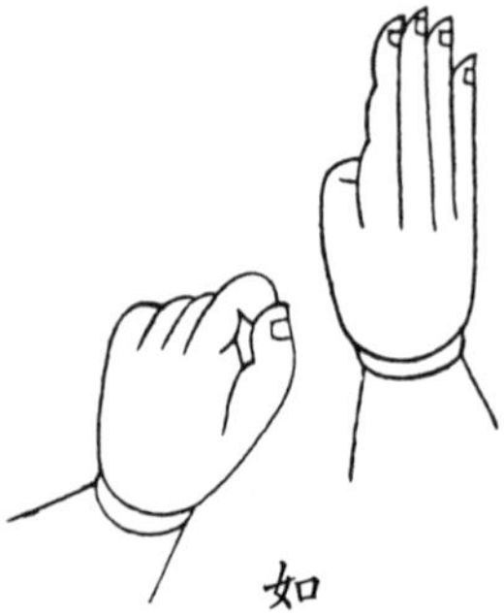

如前舒手向上，而令上舉之。

【真言】

南麼　三曼多勃馱喃　阿弊達囉儜　薩埵馱敦　莎訶

namaḥ samanta-buddhānāṃ abhyaddhāraṇi sattva-dhātuṃ svāhā

5. 救護菩薩

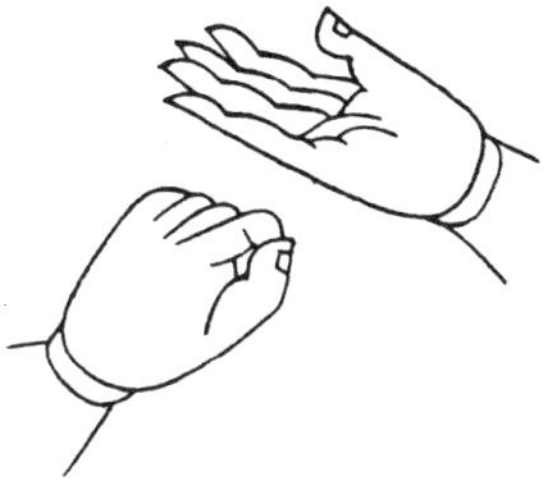

右手拇指展掌心向身，覆於胸，左手握蓮華拳。

【真言】

南麼 三曼多勃馱喃 係 摩訶摩訶娑麼囉鉢囉底然 莎訶

namaḥ samanta-buddhānāṃ he mahā-mahā smara pratijñāṃ svāhā

6.大慈生菩薩

右手大拇指與食指相捻為持華印，餘三指散立，左手握蓮華拳。

【真言】

南麼　三曼多勃馱喃　娑嚩制妬嗢蘖多　莎訶

namaḥ samanta-buddhānāṃ　sva-cittodgata　svāhā

7.悲旋潤菩薩

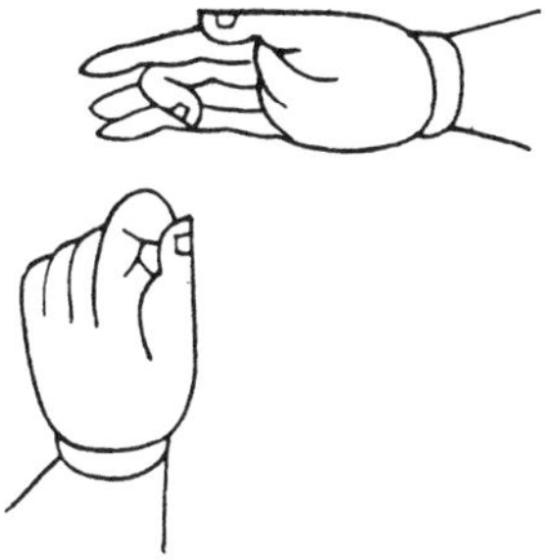

右掌掩心，中指彎曲，表示行者之心以五智加持，中指表智火，象徵自心正智的開展。

【真言】

南麼　三曼多勃馱喃　羯嚕儜沒麗眤多　莎訶

namaḥ　samanta-buddhānāṃ　karuṇāmṛḍita　svāhā

8. 除一切熱惱菩薩——施願印

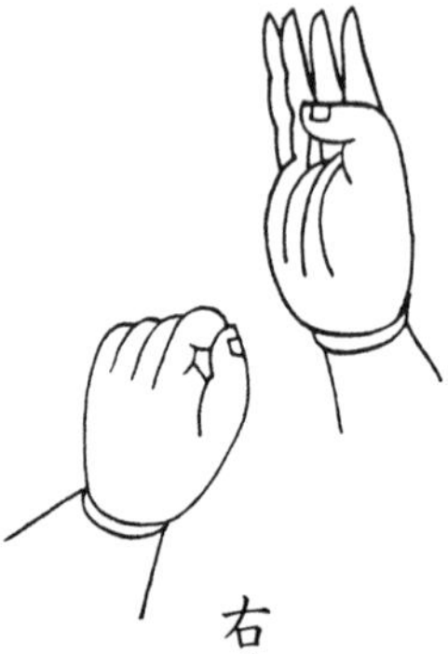

右手握蓮華拳，左手作與願印。

【真言】

南麼　三曼多勃馱喃　係　嚩囉娜　嚩囉鉢　囉鉢多　莎訶

amaḥ samanta-buddhānāṃ he varada vara-prāpta svāhā

9.不思議慧菩薩

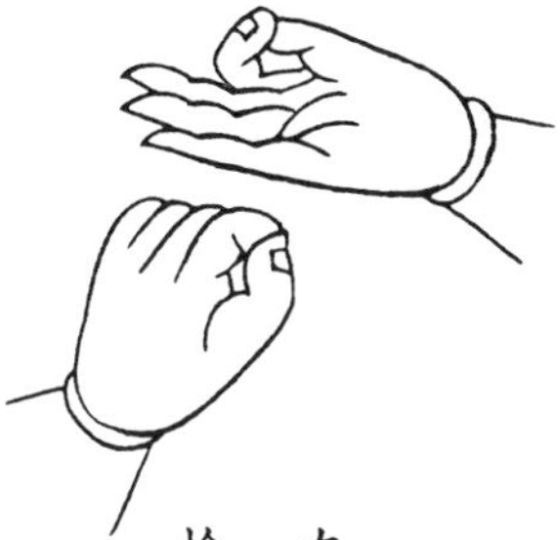

左手握拳，右手於胸前掌心仰上，五指伸展，食指、拇指相捻，如持寶珠狀。

【真言】

南麼　三曼多勃馱喃　薩摩舍鉢嚫布囉　莎訶

namaḥ samanta-buddhānāṃ sarv'āśā-paripūraṇa svāhā

地藏院

1. 地藏菩薩

內縛，兩中指申豎，二拇指並豎。

【真言】

南麼　三曼多勃馱喃　訶　訶　訶　微娑麼曳　莎訶

namaḥ samanta-buddhānāṃ ha ha ha vismaye svāhā

2.寶處菩薩

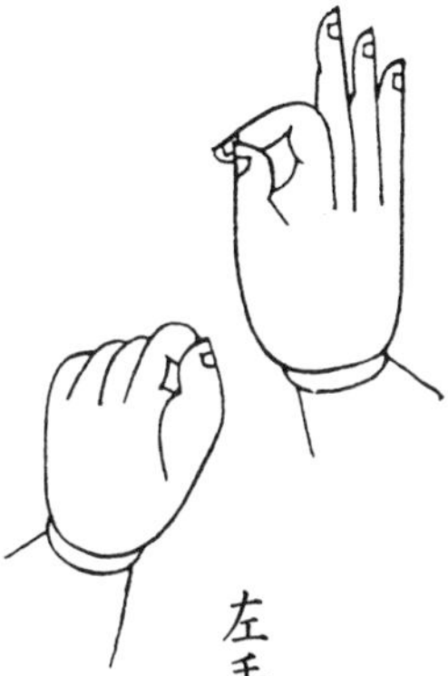

左手握拳，右手掌伸展，食指與拇指相捻，餘三指直豎。

【真言】

南麼　三曼多勃馱喃　係　摩訶摩訶　莎訶

namaḥ samanta-buddhānāṃ he mahā-mahā svāhā

3. 寶手菩薩

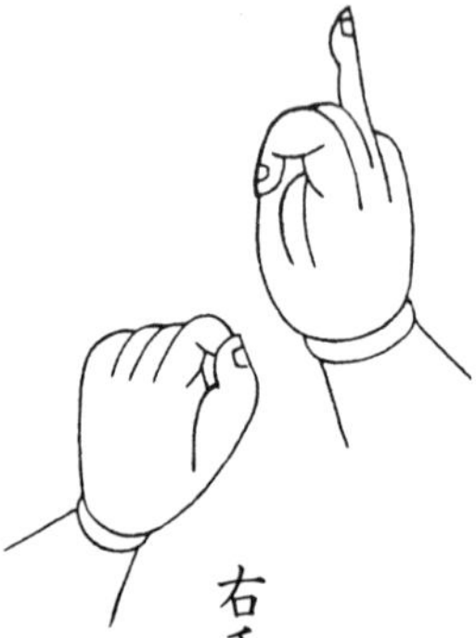

右手握拳，無名指直豎，大拇指壓其餘三指，左手握拳。

【真言】

南麼　三曼多勃馱喃　囉怛怒溫婆嚩　莎訶

namaḥ samanta-buddhānāṃ ratnodbhava svāhā

4.持地菩薩

左手手掌覆下，右手心朝上，兩手背相合，兩手大指與小指相叉。

【真言】

南麼　三曼多勃馱喃　達囉尼達囉　莎訶

namaḥ samanta-buddhānāṃ dharaṇī-dhara svāhā

5.堅固意菩薩

蓮華合掌，二拇指併立，稍張開。

【真言】

南麼　三曼多勃馱喃　伐折囉三婆嚩　莎訶

namaḥ samanta-buddhānāṃ vajra-sambhava svāhā

虛空藏院

1.虛空藏菩薩

虛心合掌，二大拇指置於掌中，二食指押拇指，表三瓣寶珠。

【真言】

南麼　三曼多勃馱喃　阿迦奢三麼多努蘖多微質怛囕嚩囉達囉　莎訶

namaḥ samanta-buddhānāṃ ākāśa-samantānugata vicitrāmbara-dhara svāhā

2. 虛空無垢菩薩——大惠刀印

金剛合掌，兩拇指並立，彎曲兩食指拄兩拇指指端。

【真言】

南麼　三曼多勃馱喃　伽伽娜難多　愚者囉　莎訶

namaḥ samanta-buddhānāṃ gaganānanta-gocara svāhā

3.虛空惠菩薩—轉法輪印

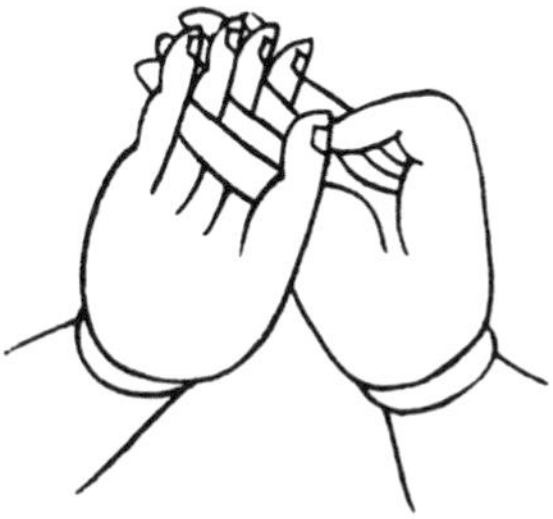

左手覆掌向下，右手仰掌於左手背上，以右手食指、中指、無名指、小指插入左手食指、中指、無名指、小指間；左手拇指於右手掌心中與右手拇指相合。

【真言】

南麼　三曼多勃馱喃　斫吃囉嚩喇底　莎訶

namaḥ samanta-buddhānāṃ cakra-varti svāhā

4.蓮華印菩薩

兩手外縛，二拇指及小指並豎。

【真言】

曩莫　三滿多沒馱喃　俱嚩隸野　娑嚩賀

namaḥ samanta-buddhānāṃ kuvalaya svāhā

5. 清淨慧菩薩——商佉印

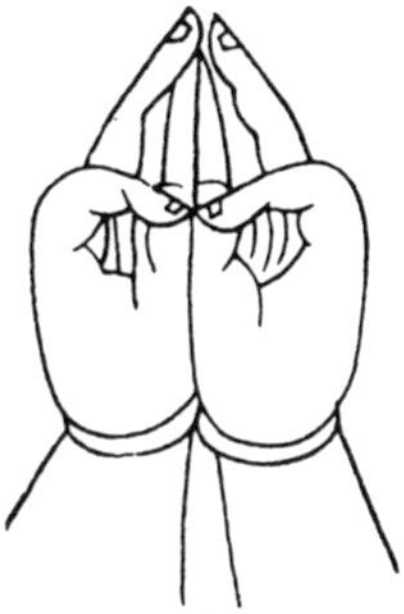

虛心合掌，二大拇指置入掌中，二食指在於拇指指背上。

【真言】

南麼　三曼多勃馱喃　達磨三婆嚩　莎訶

namaḥ samanta-buddhānāṃ dharma-sambhava svāhā

6.行惠菩薩──蓮華臺印

虛心合掌，兩拇指、兩中指、兩無名指各自打開，讓指間留有空隙，彼此不相依附，表綻開之蓮。

【真言】

南麼　三曼多勃馱喃　鉢曇摩囉耶　莎訶

namaḥ samanta-buddhānāṃ padm'ālaya svāhā

7.安住惠菩薩

兩手內縛，食指直豎，兩拇指直立合併。

【真言】

南麼　三曼多勃馱馱喃　壤怒嗢婆嚩　莎訶

namaḥ samanta-buddhānāṃ jñānodbhava svāhā

8.出現智菩薩──內五胋印

雙手內縛，兩中指、小指、拇指各自豎立，指端相抵，兩食指彎曲如鉤形，置於兩中指背，但不相附著。

【真言】

曩莫　三滿多沒馱喃　儞嚩日羅悉體囉沒弟　布囉嚩嚩怛麼滿怛囉娑囉　娑嚩賀

namaḥ samanta-buddhānāṃ ji vajra-sthira-buddhe pūrva-vā-ātma-mantra-sara svāhā

9. 檀波羅蜜

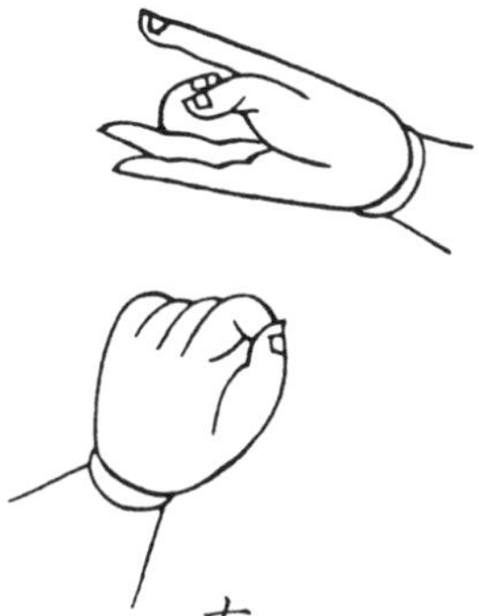

右手仰掌，中指與大拇指相捻，當胸。

【真言】

唵 婆誐嚩底 娜曩地跛帝 尾娑嘌惹 布羅野 娜難 娑嚩賀

oṃ bhagavati dānādhipate visṛja pūraya dānaṃ svāhā

10.戒波羅蜜

兩手內縛，兩拇指併立。

【真言】

唵　試攞馱哩抳　婆誐嚩底　吽　郝

oṃ　śīla-dhāriṇi　bhagavati　hūṃ　haḥ

11. 忍波羅蜜

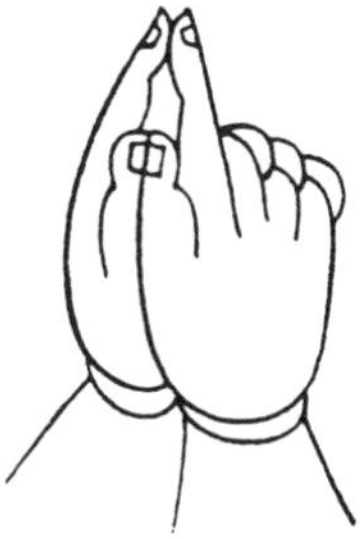

兩手內縛，兩食指直立，指尖輕觸，拇指並立。

【真言】

唵　婆誐嚩底　乞鏟底馱哩抳　吽　發吒

oṃ　bhagavati　kṣānti-dhāriṇi　hūṃ　phaṭ

12.精進波羅蜜

兩手內縛，兩食指平行直豎。

【真言】

唵　尾哩野迦哩　吽　尾哩裔　尾哩裔　娑嚩賀

oṃ　vīrya-kari　hūṃ　vīrye　vīrye　svāhā

13. 禪波羅蜜——法界定印

右手手背疊在左掌上，仰掌向上放在膝上，使兩拇指指端相拄。

【真言】

唵 婆誐嚩底 薩嚩播婆賀哩抳 摩賀奈底曳 吽 吽 吽 發吒

oṃ bhagavati sarva-pāpa-hāriṇi naitye hūṃ hūṃ hūṃ phaṭ

14.般若波羅蜜—梵夾印

左手仰掌，右手覆掌於左掌上。

【真言】

唵　地　室哩輸嚕多尾惹曳　娑嚩賀

oṃ　dhi　śrī-śrūta-vijaye　svāhā

15.方便波羅蜜

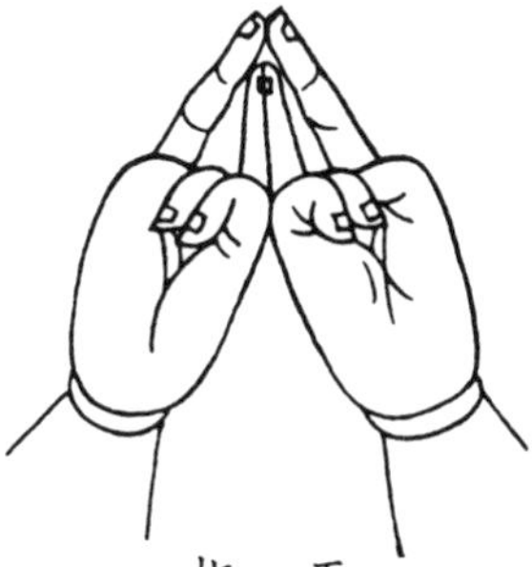

兩手各屈小指、無名指、壓住拇指，二中指背立如針，二食指側相合。

【真言】

唵 摩賀每怛囉唧帝 娑嚩賀

oṃ mahā-maitra-citte svāhā

16.願波羅蜜——施無畏印

左手握拳，右手指施無畏印。

【真言】

哥嚕拏嚩日囉骨嚕馱　吽　發吒

karuṇā-vajra-krodha huṃ phaṭ

17.力波羅蜜

兩手內縛，二手中指、食指、大拇指直立，指尖相觸，二大拇指直立合併。

【真言】

唵 娜麼顊母儞帝 吽 賀 賀 賀 吽 弱 娑嚩訶

oṃ damani-modite hūṃ ha ha ha hūṃ jaḥ svāhā

18.智波羅蜜

兩手外縛，二小指直立少分相交，二中指直立，指尖相觸表幢，二食指伸豎稍屈，二大拇指相拄表如意寶珠。

【真言】

唵　麼麼　枳孃曩迦哩　吽　娑嚩賀

oṃ　mama　jñāna-kari　hūṃ　svāhā

最外院

1.自在天子

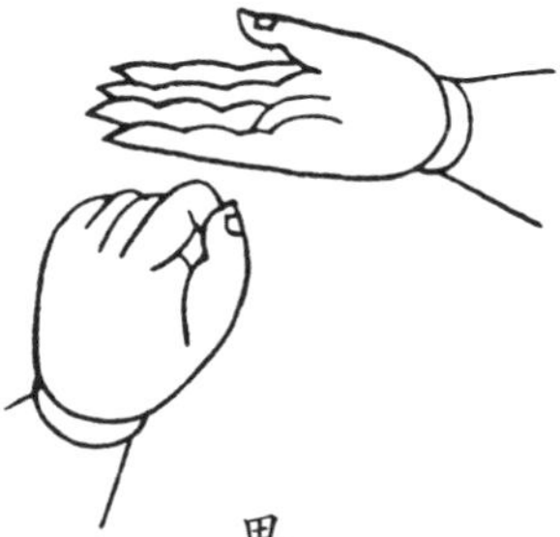

思惟印，右手展開托右頰，左手握拳。

【真言】

曩謨 三滿多沒馱喃 唵 播羅儞怛囉密底毗藥 娑嚩賀

namaḥ samanta-buddhānāṃ oṃ parādy-ātma-ratibhyaḥ svāhā

2. 普華天子

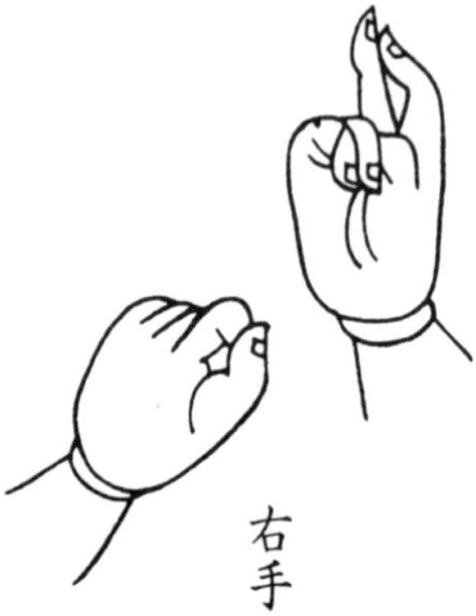

右手小指、無名指屈入掌中，食指屈於中指背之上節押之。

【真言】

南麼　三曼多勃馱喃　滿努囉麼　達麼三婆嚩　微婆嚩迦那　三　三　莎訶

namaḥ samanta-buddhānāṃ mano-rama-dharma-sambhava

vibhava-kathana saṃ saṃ svāhā

3. 華鬘天子

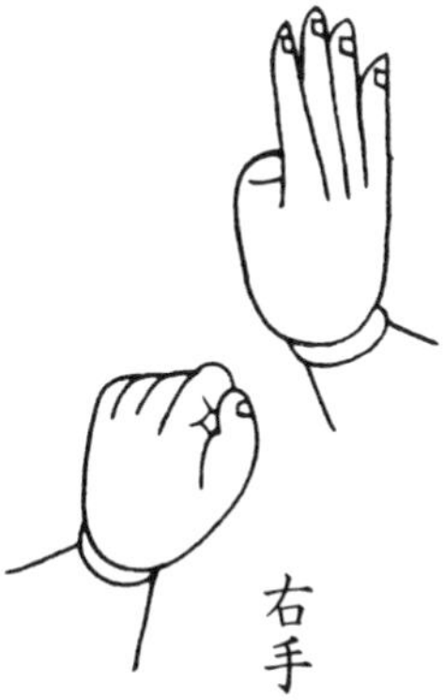

右手大拇指置於掌中，除四指伸屈，表光明。

【真言】

曩莫　三滿多沒馱喃　左　覩鄔姹寫難　娑嚩賀

namaḥ samanta-buddhānāṃ ja dyotisyānāṃ svāhā

4.滿意天子

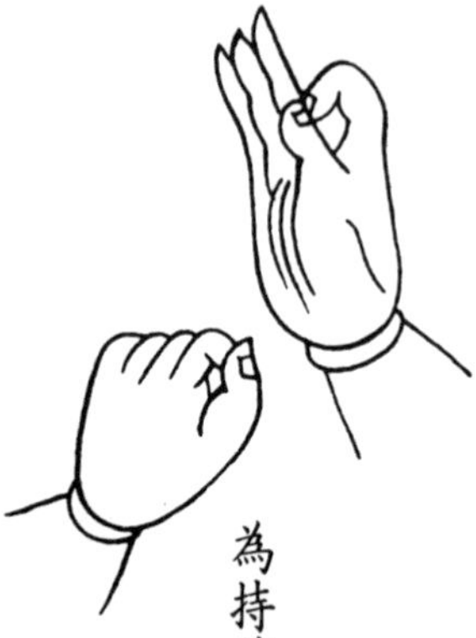

為持華印，拇指與食指相捻，餘指伸展，左手握拳。

【真言】

曩莫 三滿多沒馱喃 阿 唵 哿 聹恥毗藥 娑嚩賀

namaḥ samanta-buddhānāṃ a oṃ ha ha nidhibhyaḥ svāhā

5.遍音天子

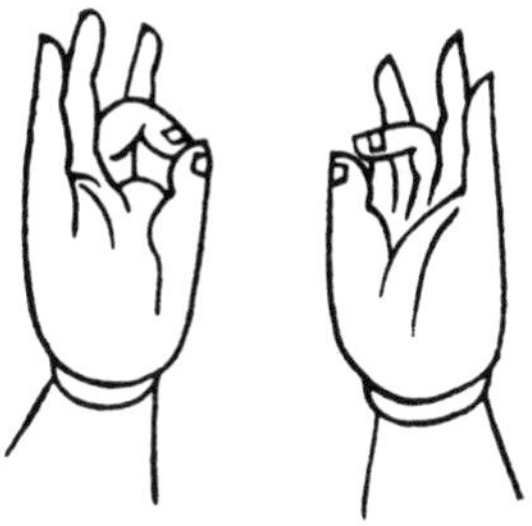

二手五指伸展，大拇指與無名指相捻。

【真言】

曩莫 三滿多沒馱喃 唵 阿婆娑嚩𡀔毗藥 娑嚩賀

namaḥ samanta-buddhānāṃ oṃ avasvarebhyaḥ svāhā

6.伊舍那天

左手先握拳，中指、食指伸直，食指屈於中指背。右手握拳。

【真言】

南麼　三曼多勃馱喃　囉捺囉也　莎訶

namaḥ samanta-buddhānāṃ rudrāya svāhā

7.諸步多

左手豎掌，屈小指、無名指。

【真言】

南麼 三曼多勃馱喃 喁 縊 喁 伊 憎散 寧

namaḥ samanta-buddhānāṃ guṃ i guṃ i maṃ sane

8.帝釋天

內縛，食指、大指兩指豎立而相合。

【真言】

南麼　三曼多勃馱喃　鑠吃囉也　莎訶

namaḥ samanta-buddhānāṃ śakrāya svāhā

9.持國天

雙拳食指豎起，稍微彎曲。拇指亦豎起，但不依附於食指上，兩腕交叉如鉤形。

【真言】

曩莫　三滿多沒馱喃　唵　地隸多羅瑟吒羅　羅羅鉢囉末馱那　娑嚩賀

namaḥ samanta-buddhānāṃ oṃ dhṛta-rāṣṭra-rārā-pramadana svāhā

10.日天子

二手掌仰側面，為顯露合掌，二無名指屈於掌中，二小指、中指相合，二大拇指分別押於二無名指指側。

【真言】

南麼　三曼多勃馱喃　阿儞怛夜耶　娑訶

namaḥ samanta-buddhānāṃ　ādityāya　svāhā

11.摩利支——寶瓶印

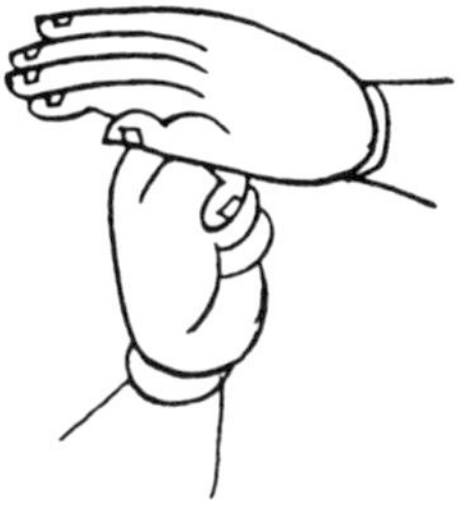

左手虛掌，以右手橫於左手之上成覆蓋狀，表摩利支身。

【真言】

歸命　摩利支　娑嚩賀

oṃ　nārīcī　svāhā

12. 七曜九執十二宮神——入佛三昧耶印

豎實心合掌。

【真言】

南麼　三曼多勃馱喃　蘖囉醯濕鞢嚩耶鉢囉　鉢多孺底麼耶　莎訶

namaḥ samanta-buddhānāṃ graheśvarya-prapāta jyotir-maya svāhā

13.大梵天王

左手無名指、拇指相頂，剩餘手指直立，右手握拳。

【真言】

南麼　三曼多勃馱喃　鉢囉闍鉢多曳　莎訶

namaḥ samanta-buddhānāṃ prajā-pataye svāhā

14.乾闥婆王

雙手內縛，無名指伸直。

【真言】

南麼　三曼多勃馱喃　微輸馱薩嚩囉嚩係偏　莎訶

namaḥ samanta-buddhānāṃ viśuddha-svara-vāhini svāhā

15.諸阿修羅王

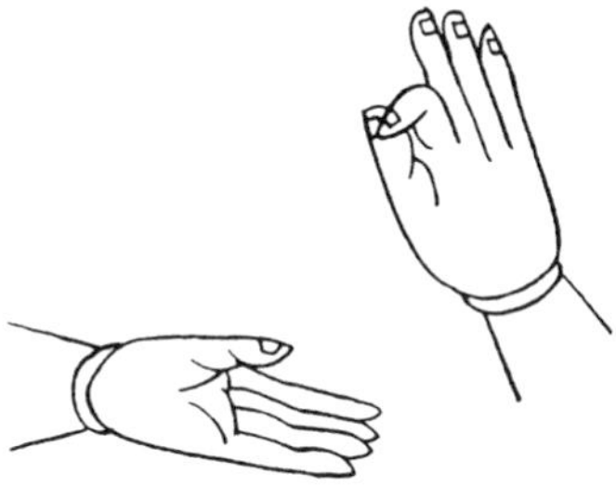

左掌橫於胸前，右手食指與大拇指相捻，臨於左手上。

【真言】

南麼 三曼多沒馱喃 囉吒 囉吒 特憎耽沒囉 波囉

namaḥ samanta-buddhānāṃ raṭa raṭa dhvāntaṃ vra vra

16.摩睺羅伽——普印（金剛合掌）

【真言】

南麼 三曼多勃馱喃 蘖囉藍 蘖羅藍

namaḥ samanta-buddhānāṃ garakaṃ viralaṃ

17.諸緊那羅——普印（金剛合掌）

【真言】

南麼 三曼多勃馱喃 訶散難 微訶散難

namaḥ samanta-buddhānāṃ hasanāṃ vihasanāṃ

18.諸人——普印（金剛合掌）

【真言】

南麼　三曼多勃馱喃　壹車鉢囕麼弩麼曳迷　莎訶

namaḥ samanta-buddhānāṃ icchā-paraṃ-mano-maye me svāhā

19.普世明妃——普印（金剛合掌）

【真言】

南麼　三曼多勃馱喃　路迦路迦羯羅也　薩婆提婆那伽藥吃沙健達婆阿蘇囉蘖　嚕茶緊捺囉摩護囉伽儞訶嘌捺耶甯夜羯囇灑也　微質怛囉蘖底　莎訶

namaḥ samanta-buddhānāṃ lokāloka-karāya sarva-deva-nāga-yakṣa-gandharvāsura-garuḍa-kiṃnara-mahorag'ādi-hṛdayāny ākarṣaya vicitra-gati svāhā

20. 火天

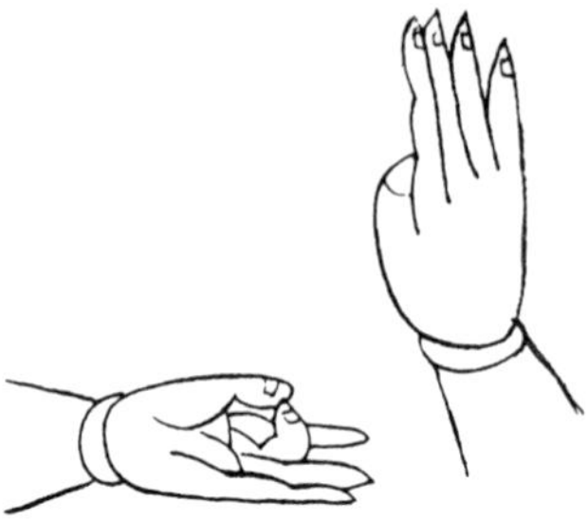

左手按於腰，右掌展開，將拇指彎曲附著於掌內，食指中節稍微彎曲。

【真言】

南麼　三曼多馱馱喃　惡揭娜曳　莎訶

namaḥ samanta-buddhānāṃ agnaye svāhā

21. 火天后

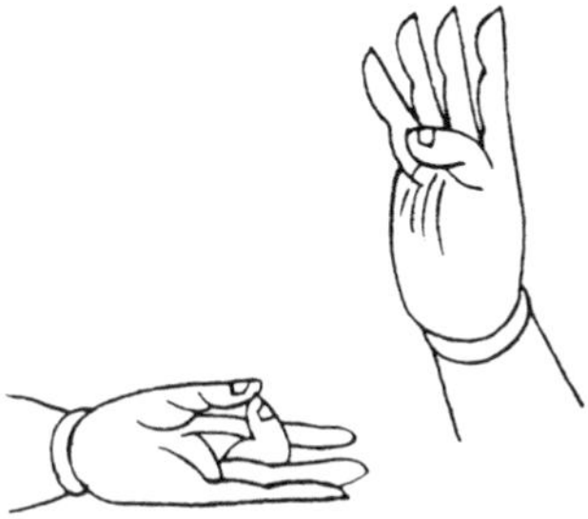

右手大拇指橫於掌中，壓小指指根，左手同火天。

【真言】

曩莫 三滿多沒馱喃 阿起儞曳 娑嚩賀

namaḥ samanta-buddhānāṃ agnayai svāhā

22. 嚩斯仙

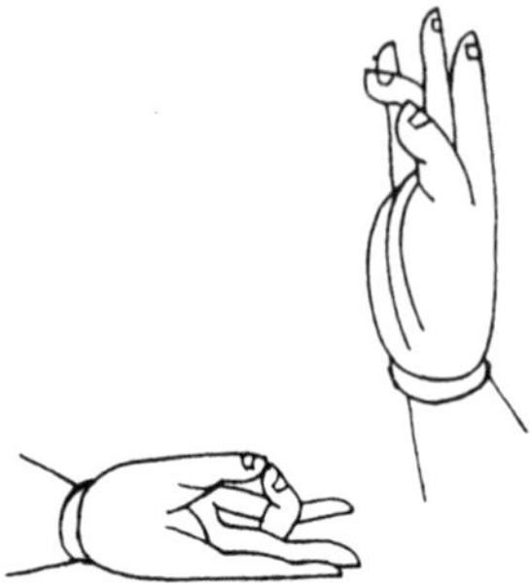

右手大拇指壓無名指指根，左手同火天。

【真言】

曩莫　三滿多沒馱喃　嚩枲瑟姹嘌釤　娑嚩賀

namaḥ samanta-buddhānāṃ vasiṣṭharṣiṃ svāhā

23. 阿跌哩仙

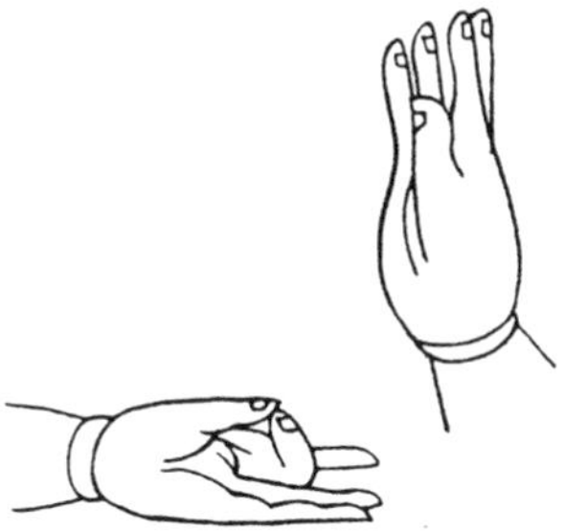

右手施無畏印，大拇指押無名指之中節。左手同前。

【真言】

曩莫 三滿多沒馱喃 惡底羅野摩賀哩釤 娑嚩賀

namaḥ samanta-buddhānāṃ atraya-maharṣim svāhā

24.尾哩瞿仙

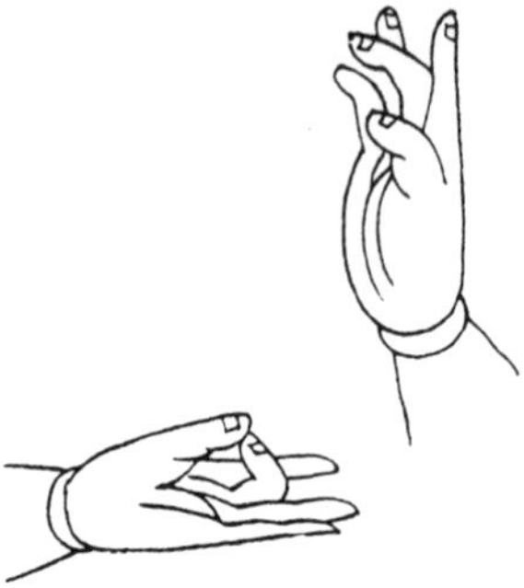

右手結施無畏印，中指稍前出，以大拇指押中指中節。左手同前。

【真言】

曩莫　三滿多沒馱喃　婆哩輸怛麼阿嘌釤　娑嚩賀

namaḥ samanta-buddhānāṃ bhṛgūttama-maharṣiṃ svāhā

25.驕答摩仙

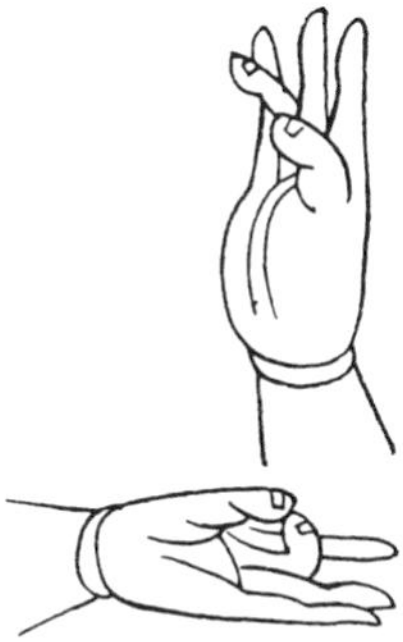

右手結施無畏印，拇指及無名指稍前出，左手同前。

【真言】

曩莫 三滿多沒馱喃 婆哩輸怛摩 摩訶嘌釤 娑嚩賀

namaḥ samanta-buddhānāṃ gautama-maharṣiṃ svāhā

26.蘖嚟伽仙

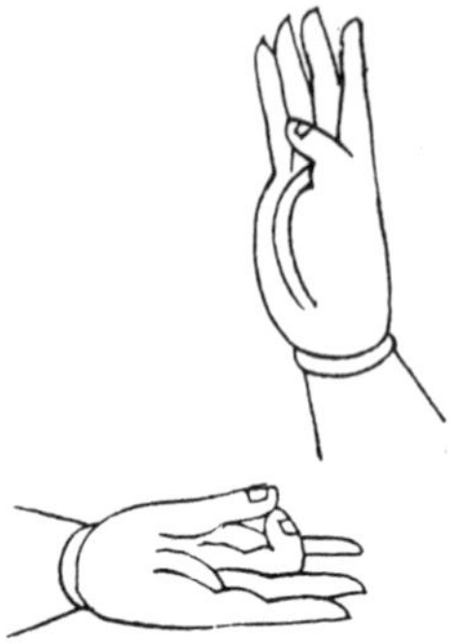

右手結施無畏印，大拇指押無名指指根。左手同前。

【真言】

曩莫　三滿多沒馱喃　矯怛麼麼賀嚟釤蘖哩伽　娑嚩賀

namaḥ samanta-buddhānāṃ gautama-mahārṣiṃ-garga svāhā

27.增長天王

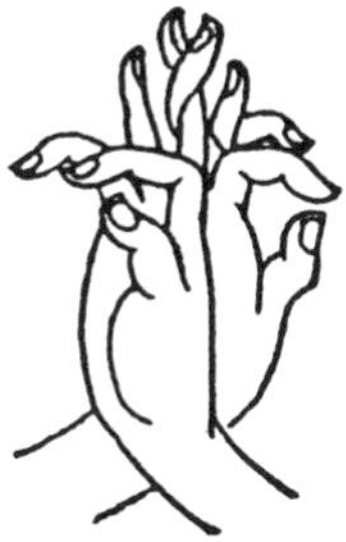

左腕側向，右腕附著於左腕上，手背相合，兩中指相勾結如鎖狀，兩小指、食指、拇指彎曲，兩無名指豎立。

【真言】

曩莫 三滿多沒馱喃 唵 尾嚕嗏迦藥乞叉地跛多曳 娑嚩賀

namaḥ samanta-buddhānāṃ oṃ virūḍhaka-yakṣādhipataye svāhā

28.閻魔王──普印

虛心合掌，兩食指、兩小指並列放入掌中，以大指按食指之背節，貼緊第二節與第三節之間，彎曲大指末端貼緊中指之側。

【真言】

南麼　三曼多勃馱喃　梅嚩娑嚩哆也　莎訶

namaḥ　samanta-buddhānāṃ　vaivasvatāya　svāhā

29.焰摩后

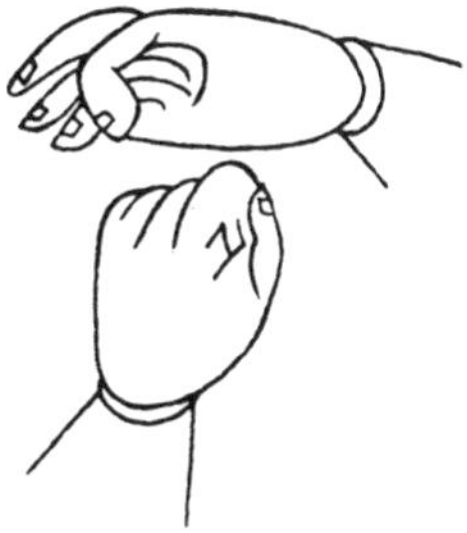

右手食指彎曲壓於拇指指甲，餘三指微彎。左手握拳。

【真言】

南麼　三曼多勃馱喃　沒嘌怛也吠　娑訶

namaḥ samanta-buddhānāṃ mṛtyave svāhā

30. 琰摩七母

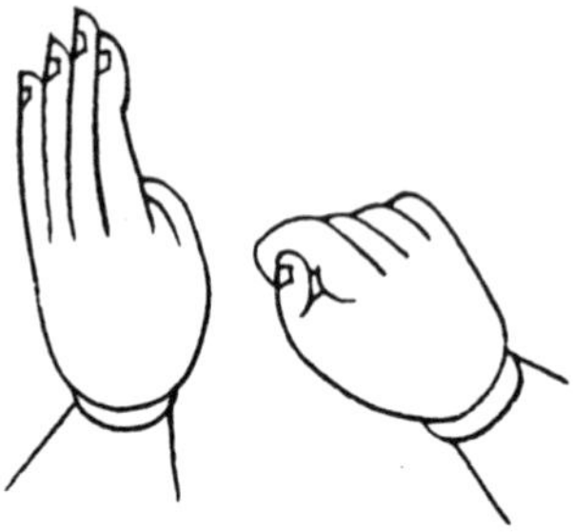

左手握拳，大拇指屈於掌內，餘四指併攏直豎。右手握拳。

【真言】

南麼　三曼多勃馱喃　忙怛囇弊　莎訶

namaḥ samanta-buddhānāṃ mātṛbhyaḥ svāhā

31.奉教官

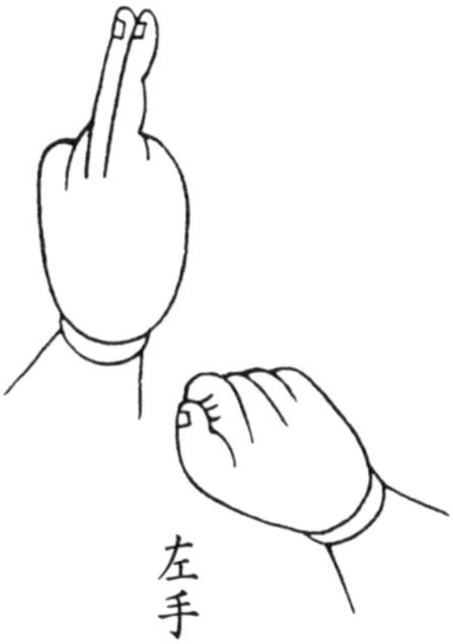

左手握拳，食指、中指直豎併攏，右手握拳。

【真言】

曩莫　三滿多馱馱喃　只怛羅虞鉢多野　娑嚩賀

namaḥ samanta-buddhānāṃ citra-guptāya svāhā

32.深沙大王

33.太山府君

34.拏吉尼

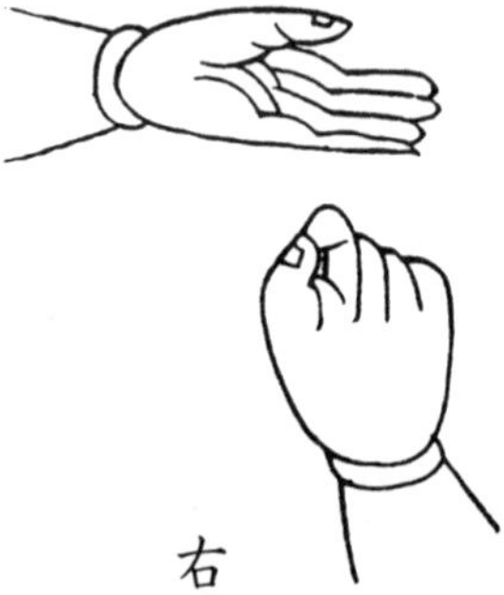

右手握拳，左手舒掌平伸。

【真言】

南麼　三曼多勃馱喃　訶唎　訶

namaḥ samanta-buddhānāṃ hrī haḥ

35.金翅鳥王

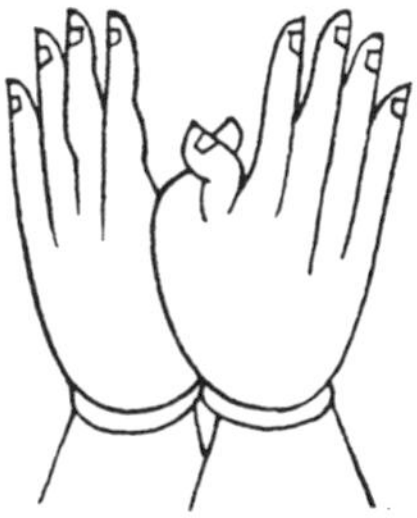

雙手各指伸直，覆掌，拇指相勾。

【真言】

唵 佉使跛 莎嚩訶 唵 跛佉使 莎嚩訶

oṃ kṣipa svāhā oṃ pakṣi svāhā

36. 羅剎主

右手握拳。左手握拳，食指、中指併攏直豎。

【真言】

南麼　三曼多勃馱喃　囉吃灑娑地鉢多曳　莎訶

namaḥ samanta-buddhānāṃ rākṣasādhipataye svāhā

37.將兄普印——金剛合掌

38.羅剎眾普印

金剛合掌。

【真言】

南麼 三曼多勃馱喃 吃嚂 計 嚟

namaḥ samanta-buddhānāṃ kraṃ ke ri

39.廣目天王

左腕側向，右腕附於左腕上，手指相合，兩中指、無名指、小指向掌中彎曲，以兩拇指指端傾壓兩中指之指中，此時兩食指相勾結如瞋狀。

【真言】

曩莫　三滿多沒馱喃　唵　尾嚕博乞叉那伽地波路曳　娑嚩賀

namaḥ samanta-buddhānāṃ oṃ virūpākṣa-nāgādhipataye svāhā

40.水天

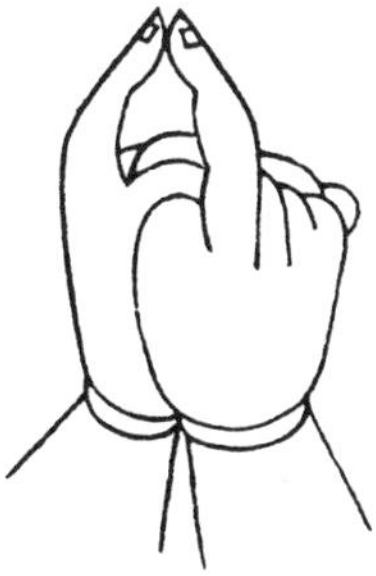

雙手內縛，兩食指豎合如圓狀。

【真言】

南麼 三曼多勃馱喃 阿半鉢哆曳 娑訶

namaḥ samanta-buddhānāṃ spāṃ-patayе svāhā

41.難陀拔難陀──(1)兄印

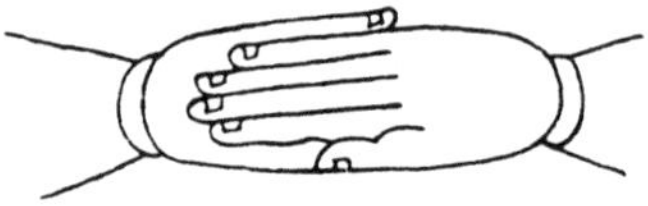

左掌掌心仰上平伸，右掌向下覆左掌上。

【真言】

南麼　三曼多勃馱喃　難徒鉢難捺瑜　娑訶

namaḥ samanta-buddhānāṃ nandopanandaye svāhā

42. 歸命難陀——(2)弟印

右掌掌心仰上平伸，左掌向下覆右掌上。

【真言】

南麼 三曼多勃馱喃 難徒鉢難捺瑜 娑訶

namaḥ samanta-buddhānāṃ nandopanandaye svāhā

43. 諸龍

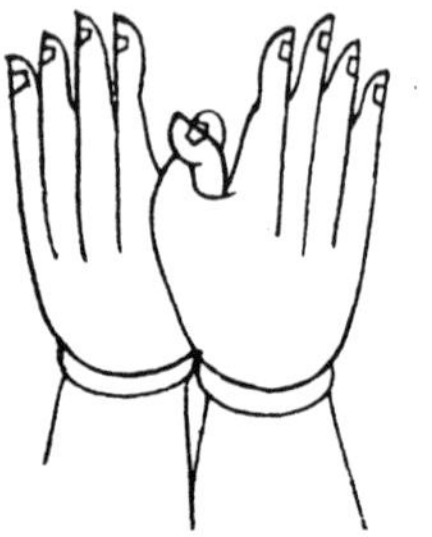

雙手各指伸直，覆掌二拇指相鉤。

【真言】

南麼　三曼多勃馱喃　謎伽設濘曳　娑訶

namaḥ samanta-buddhānāṃ meghāśanīye svāhā

44.地神——鉢印

拇指除外之八指，指端相合作圓形，兩拇指置食指側如掬水狀。

【真言】

南麼　三曼多勃馱馱喃　鉢嘌體梅曳　莎訶

namaḥ samanta-buddhānāṃ pṛthivye svāhā

45.妙音天

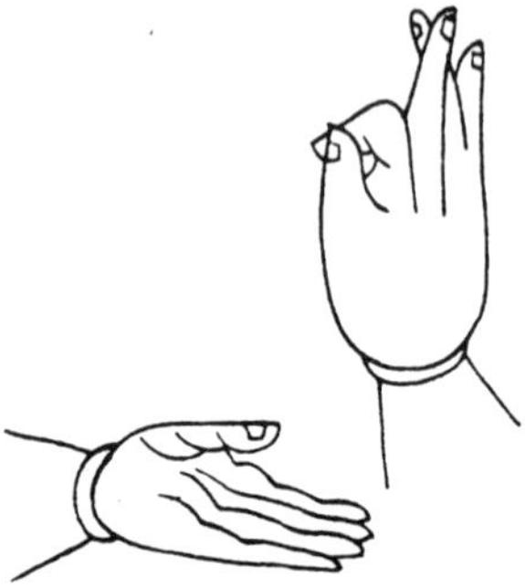

右手食指與拇指相捻，餘三指直豎，無名指稍前出，左手舒掌平放。

【真言】

南麼　三曼多勃馱喃　薩囉娑嚩底曳　莎訶

namaḥ samanta-buddhānāṃ sarasvatyai svāhā

46.那羅延天

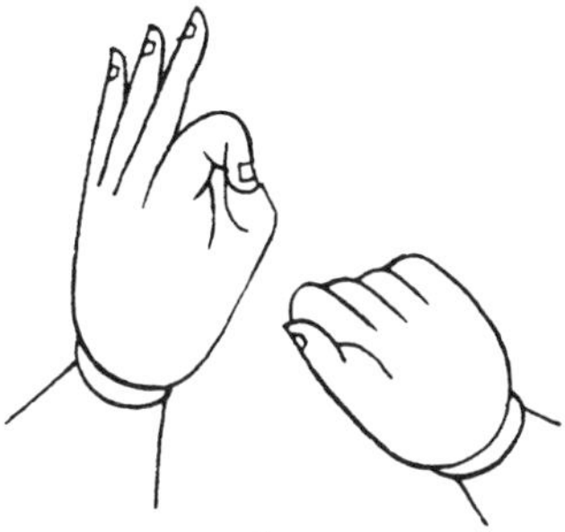

右手握拳，左手食指與拇指相捻，餘三指直立。

【真言】

南麼 三曼多勃馱喃 微瑟儜吠 莎訶

namaḥ samanta-buddhānāṃ viṣṇave svāhā

47.那羅延后

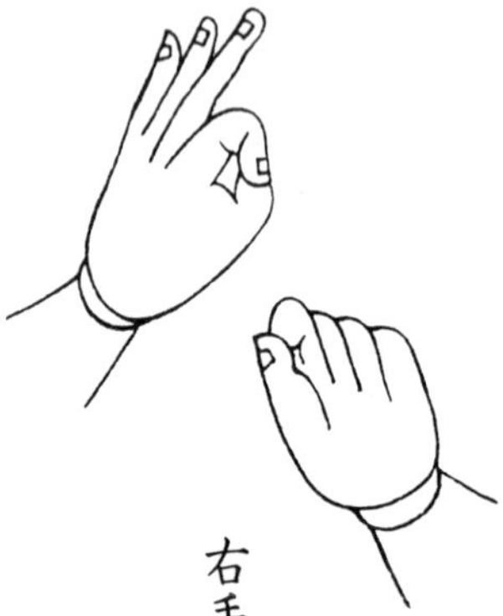

右手握拳，左手食指與拇指相捻，餘三指直立。

【真言】

曩莫　三滿多沒馱喃　尾瑟拏弭　娑嚩賀

namaḥ samanta-buddhānāṃ viṣṇavi svāhā

48. 月天

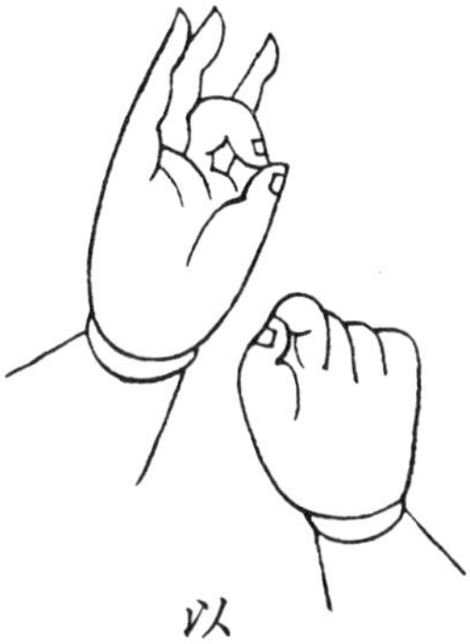

以左手大指按背上第二節，其餘手指離開豎立。

【真言】

南麼 三曼多勃馱喃 戰捺羅也 娑訶

namaḥ samanta-buddhānāṃ candrāya svāhā

49.二十八宿—普世明妃印

虛心合掌，二中指及大拇指外縛相交，中指押於手背。

【真言】

南麼　三曼多勃馱喃　娜吃灑怛囉儞囊捺儞曳　莎訶

namaḥ samanta-buddhānāṃ nakṣatra-nirnādaniye svāhā

50.風天

右手握拳，左手大拇指、食指、中指屈於掌心，餘二指豎立。

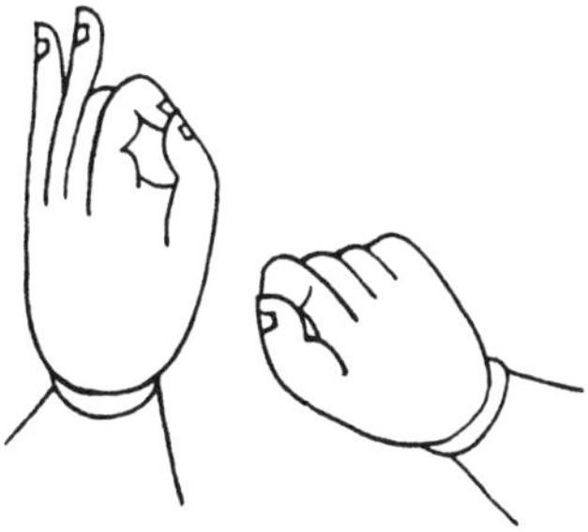

【真言】

南麼 三曼多勃馱馱喃 嚩也吠 莎訶

namaḥ samanta-buddhānāṃ vāyave svāhā

51.摩醯首羅天王

二手外縛，小指、食指、拇指直立，表三叉戟。

【真言】

曩莫　三滿多沒馱喃　唵　摩係濕嚩囉野　沙嚩賀

namaḥ samanta-buddhānāṃ oṃ maheśvarāya svāhā

52.烏摩妃──蓮華三昧耶印

雙手內縛，兩小指、拇指豎合。

【真言】

曩莫 三滿多沒馱喃 烏摩儞弭 娑嚩賀

namaḥ samanta-buddhānāṃ umā-devi svāhā

53.遮文荼

左手仰掌，右手握拳，如持髑髏狀。

【真言】

曩莫　三滿多沒馱喃　左閼拏曳　娑嚩賀

namaḥ samanta-buddhānāṃ cāmuṇḍāyai svāhā

54.多聞天王

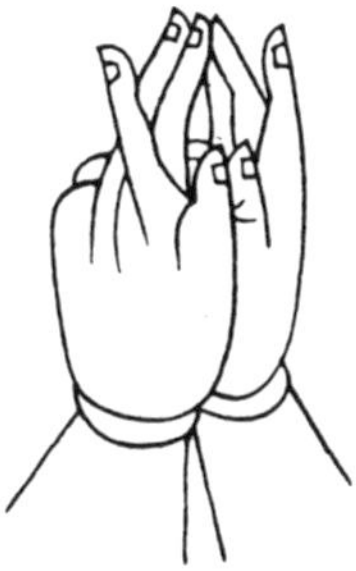

虛心合掌，兩小指交叉置於掌中，兩拇指並豎，而兩中指、無名指豎起，指端相合。

【真言】

曩莫 三滿多沒馱喃 吠室囉嚩拏野 娑嚩賀

namaḥ samanta-buddhānāṃ vaiśravaṇāya svāhā

55. 諸藥叉

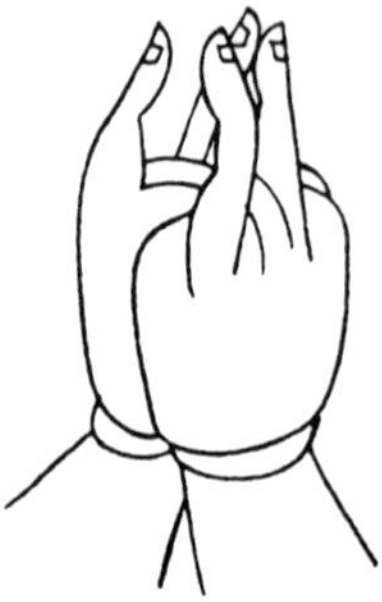

兩手內縛，食指與無名指伸直微屈，指尖相觸。

【真言】

南麼　三曼多馱勃馱喃　藥乞釵濕嚩囉　莎訶

namaḥ samanta-buddhānāṃ yakṣeśvara svāhā

56.諸藥叉女

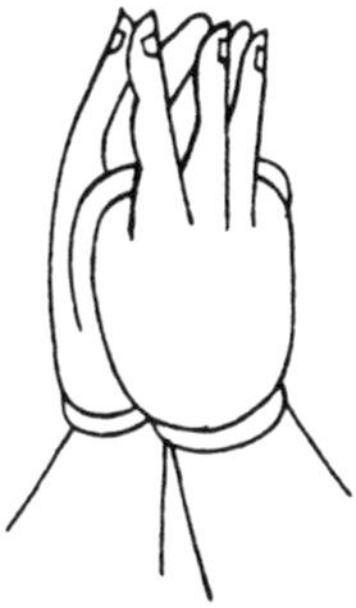

雙手內縛，食指、中指、無名指伸直微屈，指尖相觸。

【真言】

南麼 三曼多勃馱喃 藥吃叉尾儞夜達㗚

namaḥ samanta-buddhānāṃ yakṣa-vidyā-dhari

57.諸毗舍遮

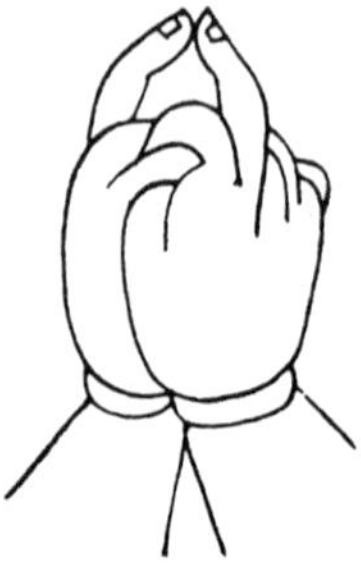

雙手內縛，中指伸直微彎，指尖相觸。

【真言】

南麼　三曼多勃馱喃　比舍遮蘖底　莎訶

namaḥ samanta-buddhānāṃ piśāca-gati svāhā

58.諸毗舍支女

雙手內縛，中指直豎，指尖相觸。

召請結界分

◎淨治—燒香印

雙手掌背相對，拇指外餘四指上節指甲相觸。

【真言】

唵　蘇悉地羯哩　入嚩里多　曩喃多謨囉多曳　入嚩羅　入嚩羅　滿馱　滿馱　賀曩　賀曩　吽　泮吒

oṃ susiddhikari jvalita nānā'nta-mūrtaye jvala jvala bandha bandha bana bana hūṃ phaṭ

◎不動明王

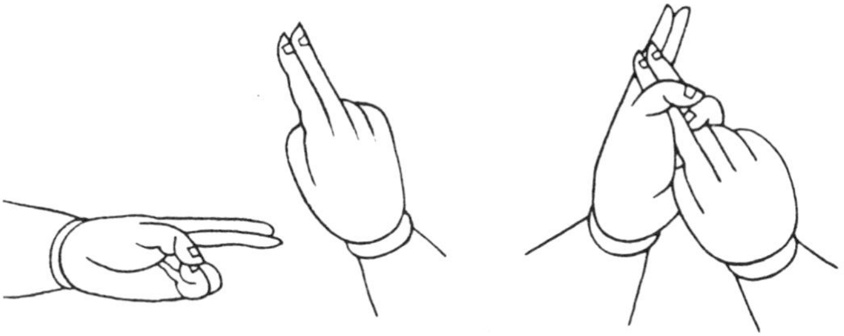

左手食指、中指各自伸展，而以拇指傾壓小指、無名指之指甲，為刀鞘；右手同樣做刀狀，再將右手之刀，置於左手之鞘中。

【真言】

南麼　三曼多伐折囉赧　戰拏　摩訶嚕灑儜薩破吒也　吽
怛囉吒　悍　漫

namaḥ samanta-vajrāṇāṃ caṇḍa-mahā-roṣaṇa
sphoṭaya hūṃ traṭ hāṃ māṃ

⊙金剛鉤—大鉤召印

內縛，伸直右手食指，鉤一鉤，招三次。

【真言】

南麼 三曼多勃馱喃 阿 薩婆怛囉鉢囉底訶諦 怛他蘖 矩奢党菩提漸㗚耶 鉢㗚布邏迦 莎訶

namaḥ samanta-buddhānāṃ aḥ sarvatrāpratihata tathāgatāṅkuśa bodhi-carya-paripūraka svāhā

⊙立身—法界生印

兩手作金剛拳，兩食指末端相頂。

【真言】

南麼 三曼多伐折囉赧 悍

namaḥ samanta-vajrāṇāṃ hāṃ

◎立三昧耶—入佛三昧耶印

蓮華合掌。

◎金剛網

①以右中指放入左食指與中指之間，以右無名指放入左無名指與小指之間（頭部皆出）。②以左中指自右中指背放入右食指與中指之間，以左無名指自右無名指背放入右無名指與小指間。③二小指與二食指的指頭均互相支撐。以二大拇指捻二食指指根側。

【真言】

唵 尾娑普羅捺 落乞叉 嚩日羅半惹羅 吽 發吒

oṃ visphurād rakṣa vajra-pañjara huṃ phaṭ

⊙金剛炎—火院

以左掌靠右手背上，二大拇指的面相對，直立成三角形，餘八指散開。

⊙大三昧耶

雙手內縛，豎立二中指，彎曲二食指如鉤，置於二中指後，稍離二中指後，不接觸，二大拇指貼於二食指側，做三股杵形。

【真言】

唵　商迦棣　摩訶三昧焰　娑縛賀

oṃ　śṛṅkhale　mahā-samayaṃ　svāhā

供養讚歎分

⊙閼伽

1. 劍印加持

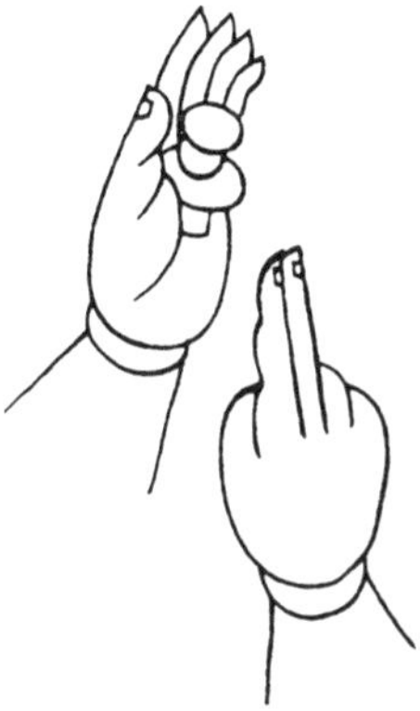

仰雙掌，掌內側相接，中指以下六指並排，稍許彎曲，互相支撐各指頭，二食指彎曲放在各中指的上節，以二大拇指壓小指側。接著左手閼伽半印，移置閼伽器。右手結小貼印，做三次加持。

2. 觀念

右手做閼伽半印靠左手，在左右閼伽印上安置閼伽器，捧起時唸真言「嗡」字。

◎奉華座—八葉印

虛心合掌，兩拇指、兩中指、兩無名指各自打開，讓間留有空隙，彼此不相依附，表綻開之蓮。

【真言】

唵　迦麼攞　娑嚩賀

oṃ　kamala　svāhā

⊙執杵鈴（同金剛界）

⊙四智讚—金剛合掌

雙手密合，十指指尖交錯，將右手五指置於左手各指之上。

【真言】

唵　嚩日囉薩埵僧屹囉賀　嚩日囉囉怛那摩耨多覽　嚩日囉達哩摩誐野迺

嚩日囉葛哩壓葛嚕　婆嚩

oṃ vajra-satva-saṃgrahād vajra-ratuam anuttaraṃ vajra-dhjarma-gāynaiś ca vajrra-karma-karo bhava

⊙舞儀拍掌

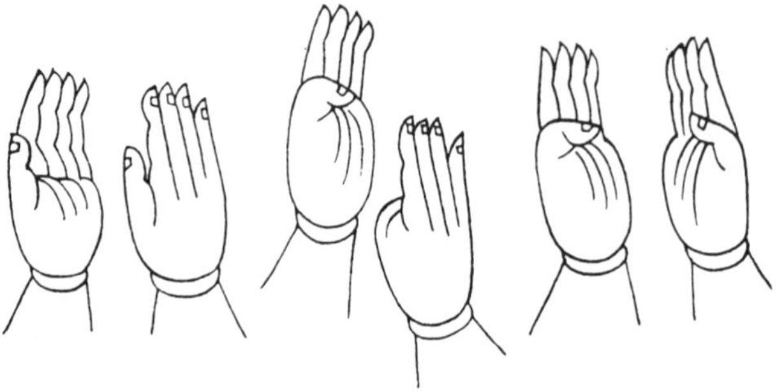

伸直雙手五指，大指橫放掌中，雙手相向約在胸前，如旋鞠做三次舞儀（旋轉），拍掌三次。

⊙不動示座—劍印

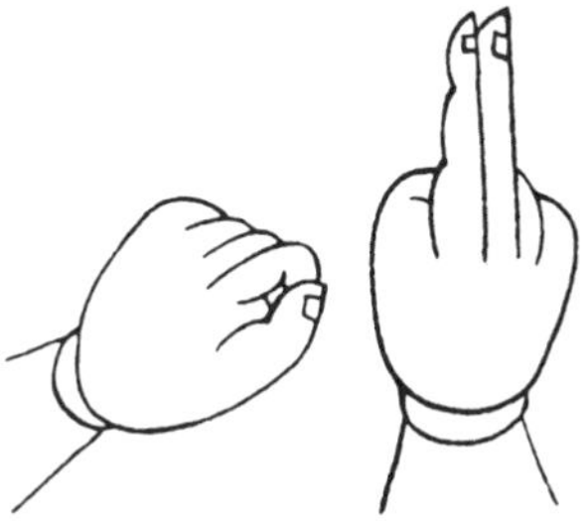

右手握拳，食指、中指併攏直竪，左手握拳。

【真言】

南麼 三曼多伐折囉赧 悍

namaḥ samanta-vajrāṇāṃ haṃ

⊙金剛手

雙手內縛，兩中指、小指、拇指各自豎立，指端相抵，兩食指伸豎。

【真言】

南麼　三曼多伐折囉赧　戰拏摩訶嚕灑拏　鈝

namaḥ samanta-vajrāṇāṃ caṇḍa-mahā-roṣaṇa hūṃ

⊙環金剛甲

虛心合掌，兩食指貼緊兩中指之上，兩大指並列貼緊中指之側。

【真言】

南麼 三曼多伐折囉赧 伐折羅迦嚩遮 吽

namaḥ samanta-vajrāṇāṃ vajra-kavaca hūṃ

◎怖魔

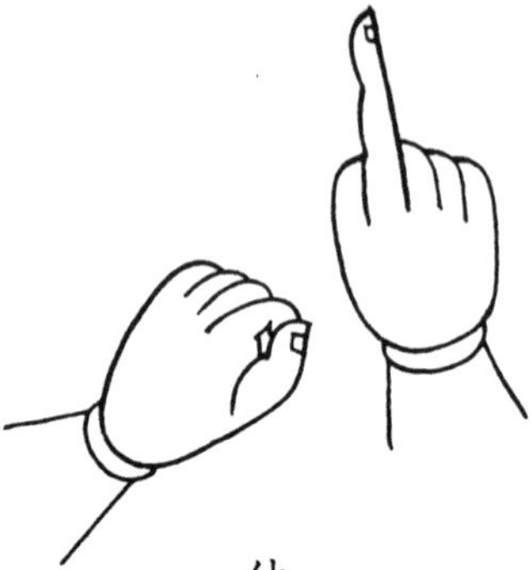

伸直右拳食指而置於額際，左拳按在腰部，以怒目視。

【真言】

南麼　三曼多勃馱喃　麼訶沫羅嚩底　捺奢嚩路嗢婆吠　摩訶昧怛𠸪也毗庚
嗢蘖底　莎訶

namaḥ samanta-buddhānāṃ mahā-bala-vati daśa-balodbhave
mahā-maitry-abhyudgate svāhā

◉四方四大護

1.南門（無堪忍大護）

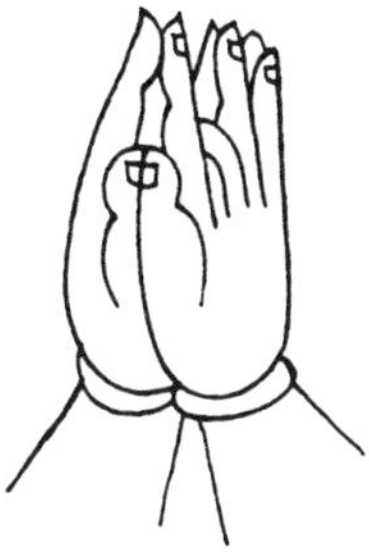

雙手合掌，二中指屈入掌中相叉。

2.東門（無畏結護）

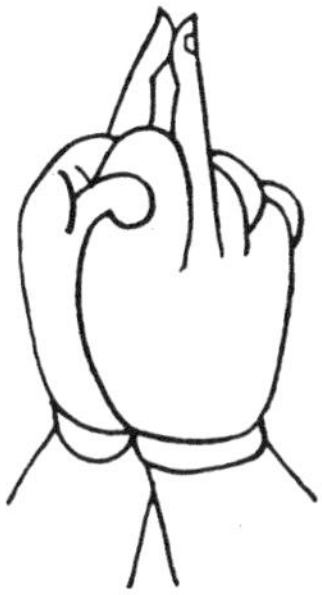

內縛，二中指申豎如針。

3.北門（壞諸怖大護）——劍形

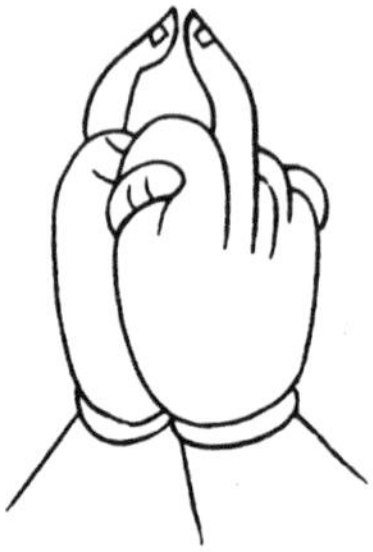

兩手內縛，中指伸出稍屈，指尖相觸，作劍形。

4.西門（難降伏大護）

兩食指相鈎，拇指相交，餘指伸直張開。

【真言】

南麼　三曼多勃馱喃　薩婆怛羅弩蘗帝　滿馱也徙瞞　摩訶三摩耶哩闍帝　娑五囉嬭阿鉢囉底訶諦　馱迦　馱迦　折囉　折囉　滿馱　滿馱　捺奢儞羶　薩婆怛他蘗多弩壞帝　鉢囉嚩囉　達嚨　腦馱　微若曳　薄伽嚩底　微矩嚗　微矩麗　麗　魯㉒　補嚗　莎訶（四大護真言皆同）

namaḥ samanta-buddhānāṃ sarvatrānugate bandhaya sīmāṃ mahā-samaya-nirjāte samarane'pratihate dhākadhāka cara cara bandha bandha daśa-dośaṃ sarva-tathāgatānujñāte pravara-dharma-labdha-vijaye bhagavati vikuru vikure le lu puri vikuri pri vikuri svāhā

⊙無能勝

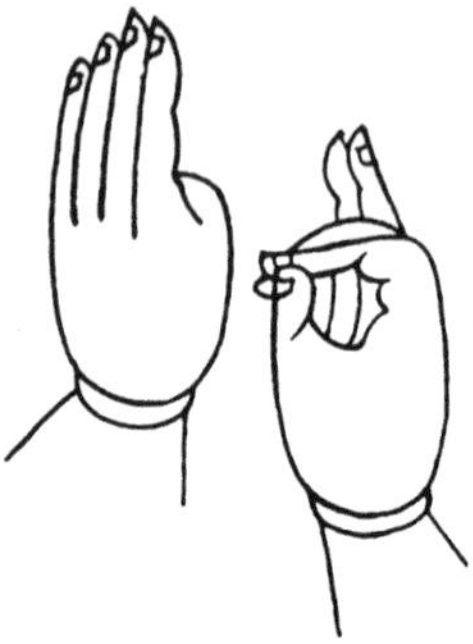

右手曲中指、食指、指尖與拇指接，無名指、小指豎立。左手拇指曲入掌心，餘四指豎立。

【真言】

南麼　三曼多勃多喃　吶囉馱囉沙摩訶路灑儜　佉娜也　薩鑁　怛他蘖多然
矩嚕　莎訶

namaḥ samanta-buddhānāṃ durdharṣa-mahā-roṣaṇa khādaya
sarvāṃ tathāgat' ājñāṃ kuru svāhā

⊙相向守護

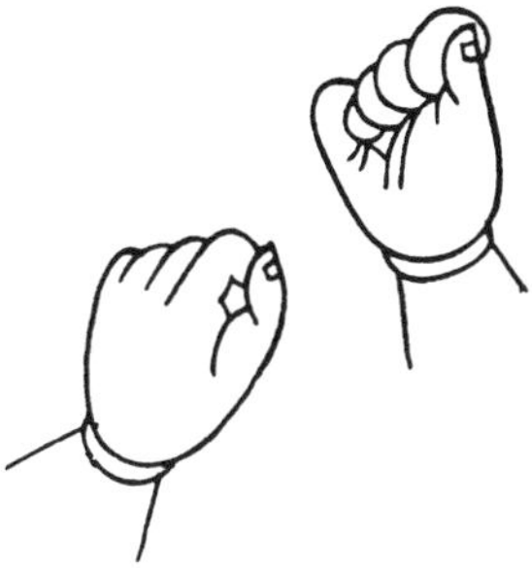

兩手握金剛拳。

【真言】

南麼 三曼多伐折囉赦 係 阿毗目佉摩訶鉢囉戰拏 佉娜也 緊 旨囉也
徒 三麼耶麼努薩麼囉 莎訶

namaḥ samanta-vajrāṇāṃ he abhimukha-mahā-pracaṇḍa khādaya
kiṃ cirāyasi samayam anusmara svāhā

⊙不動尊心—劍印

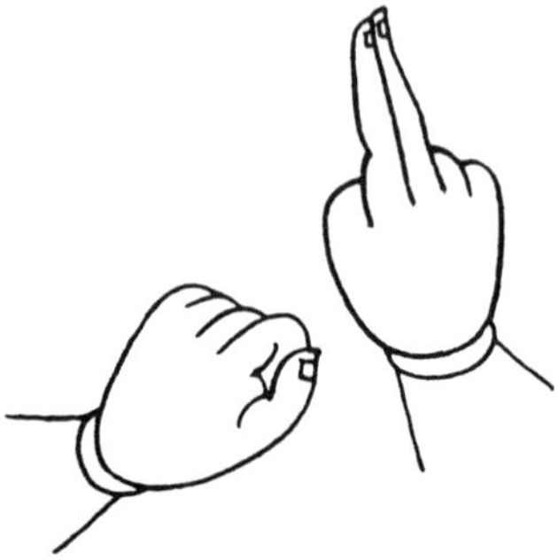

左手握拳，中指、食指直豎併攏，右手握拳。

【真言】

曩莫　三曼多嚩日囉赧　憾　鋡

namaḥ samanta-vajrāṇāṃ　hāṃ　māṃ

◉塗香

以左手握右腕，作施無畏之勢，代表塗香之姿。

【真言】

南麼　三曼多勃馱喃　微輸馱健杜納婆嚩　莎訶

namaḥ samanta-buddhānāṃ viśuddha-gandhodbhavāya svāhā

⦿華鬘

內縛，豎立兩食指，末端相按，稍微彎曲空輪離開而立。

【真言】

南麼　三曼多勃馱喃　摩訶妹咀囉也毗庾蘗帝　莎訶

namaḥ samanta-buddhānāṃ mahā-maitry-abhyudgate svāhā

⊙焚香

兩手背對背，除拇指外之手指指背相合。

【真言】

南麼 三曼多勃馱喃 達摩馱睹弩蘖帝 莎訶

namaḥ samanta-buddhānāṃ dharma-dhātv-anugate svāhā

◎飯食—鉢印

先做虛心合掌，食指以下四指尖相接，後手掌向上稍許分開，二大拇指靠二食指側，如掬水狀。

【真言】

南麼　三曼多勃馱喃　阿囉囉迦羅羅沫鄰捺娜弭　沫鄰捺泥　摩訶沫嚧
莎訶

namaḥ samanta-buddhānāṃ arara-karara baliṃ dadāmi baliṃ
-dode mahā-baliḥ svāhā

⊙燈明

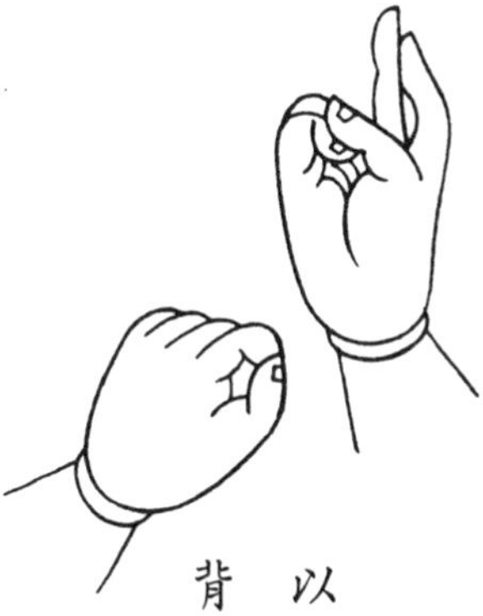

以右手大拇指按小指、無名指之甲使食指彎曲，貼緊中指之背。

【真言】

南麼 三曼多勃馱喃 怛他揭多喇旨薩叵囉 儜嚩婆漂娜伽伽猱陀哩耶 莎訶

namaḥ samanta-buddhānāṃ tathāgatārci-sphuraṇāvabhāsana gaganodārya svāhā

⊙虛空藏菩薩轉明妃—金剛合掌

雙手密合，十指指尖交錯，將右手五指置於左手各指之上。

【真言】

南麼　薩婆怛他蘖帝瞟　微濕嚩日契弊　薩婆他　欠　嗢弩蘖帝　薩叵囉

係　門　伽　伽娜　劍　莎訶

namaḥ　sarva-tathāgatebhyo　viśva-mukhebhyaḥ　sarvathā　kham

udgate　sphara　he　maṃ　gagana-khaṃ　svāhā

⊙加持供物—劍印

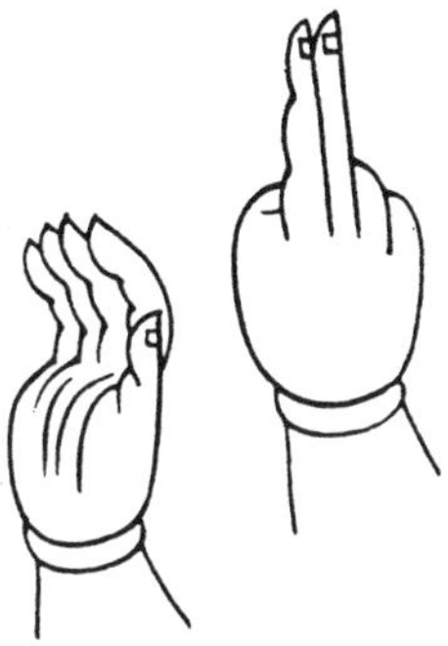

右手食指、中指並申，以拇指傾壓小指、無名指之指甲。

成身加持分

⊙入佛三昧耶

虛心合掌，兩大指直立作成幢狀。

【真言】

南麼　三曼多勃馱喃　阿三迷　呾嚩三迷三麼曳　莎訶

namaḥ samanta-buddhānāṃ asame trisame samaye svāhā

⊙法界生

兩手作金剛拳，食指末端相頂。

【真言】

南麼 三曼多沒馱喃 達摩馱睹娑縛婆縛句唅

namaḥ samanta-buddhānāṃ dharma-dhātue-svabhāvako 'ham

⊙轉法輪

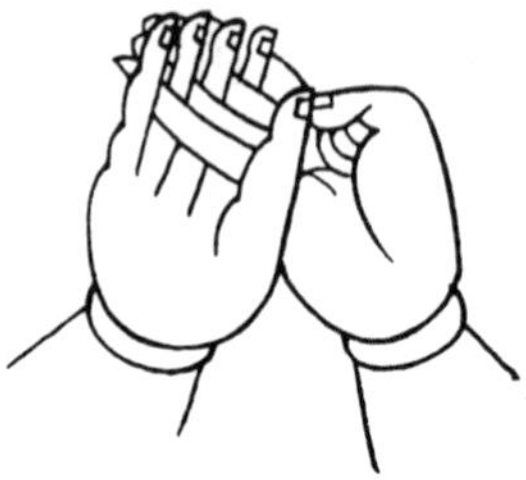

左手向下，伸直五指，右手向上，伸直五指，以右手小指、無名指、中指、食指四指插入左手小、無名、中、食指四指之間，使左手大指末端與右手大指末端在掌中相合。

【真言】

那謨　三曼多嚩日囉喃　嚩日囉怛摩俱晗

namaḥ samanta-vajrāṇāṃ vajr'ātmako'haṃ

1.大惠刀

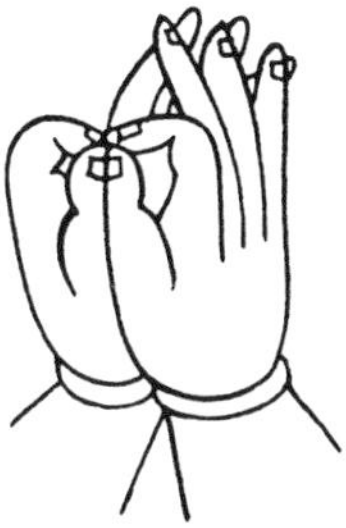

金剛合掌，兩拇指並立，彎曲兩食指，以其指面拄兩拇指指端。

【真言】

南麼 三曼多勃馱喃 摩訶揭伽 微囉闍達麼珊捺囉奢迦 娑訶闍薩迦耶捺嘌瑟致掣諾迦 怛他蘖多地目訖底儞社多 微囉伽達摩儞社多 吽

namaḥ samanta-buddhānāṃ mahā-khaḍga viraja-dharma-saṃdarśaka sahaja-satkāya-dṛṣṭi-cchedaka tathāga-tādhimukti-nirjāta virāhaga-dharma-nirīkṣita hūṃ

2.大法螺

虛心合掌，兩拇指併立，食指彎曲，押於拇指指甲上。

【真言】

南麼　三曼多勃馱喃　暗

namaḥ samanta-buddhānāṃ aṃ

3.蓮華座——八葉印

虛心合掌，兩食指、兩中指、兩無名指各自打開，讓間留有空隙，彼此不相依附，表綻開之蓮。

【真言】

南麼　三曼多勃馱喃　阿

namaḥ samanta-buddhānāṃ āḥ

4.金剛惠——外五股印

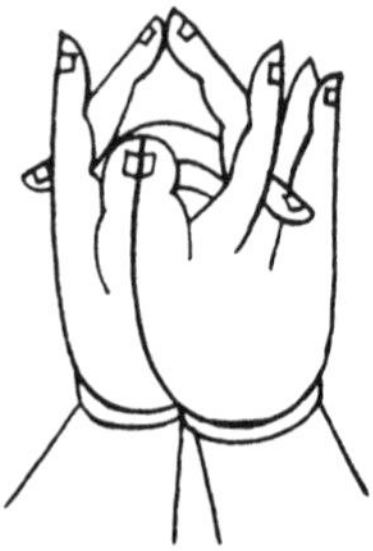

雙手外縛，兩中指、拇指、小指各自並豎，兩食指置於兩中指背側，但不相附著。

【真言】

曩莫　三曼多嚩日羅赧　吽

namaḥ samanta-vajrāṇāṃ hūṃ

5.如來頂

雙手內縛，二中指稍屈，指尖相觸，二食指直豎，二拇指豎直併攏。

【真言】

南麼 三曼多勃馱喃 鈝 鈝

namaḥ samanta-buddhānāṃ hūṃ hūṃ

6.如來頂相

二手握拳。

【真言】

南麼　三曼多勃馱喃　伽伽娜難多薩發囉儜　微輸馱達摩儞闍多　莎訶

namaḥ samanta-buddhānāṃ gaganānanta-spharaṇa viśuddha-dharma-nirjāta svāhā

7.毫相藏

左手握袈裟。

【真言】

南麼 三曼多勃馱喃 阿 痕 若

namaḥ samanta-buddhānāṃ aḥ haṃ jaḥ

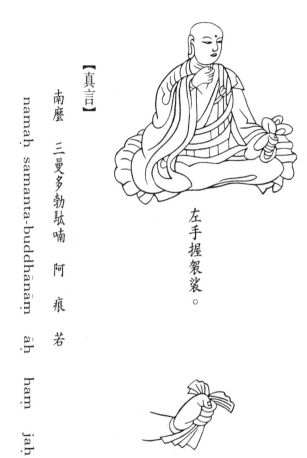

8.大鉢——法界定印間置袈裟

左手掌心朝上，右手舒掌置於左手掌心，兩拇指輕輕相觸。

【真言】

南麼　三曼多勃馱喃　婆

namaḥ samanta-buddhānāṃ bhaḥ

9.施無畏

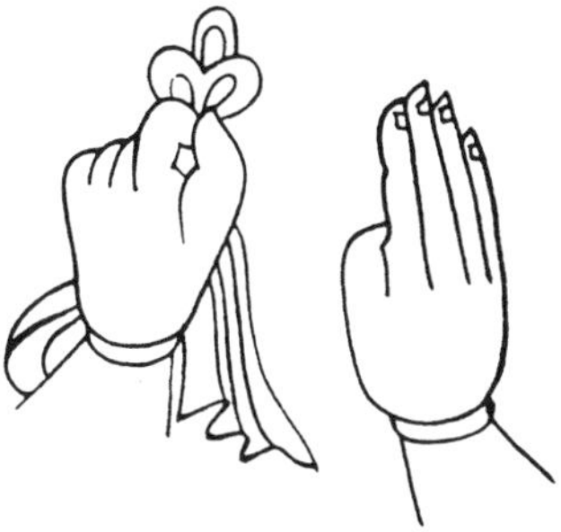

右手施無畏印，左手執袈裟角。

【真言】

南麼　三曼多勃馱喃　薩婆他　儞娜　儞娜　佩也那奢娜　莎訶

namaḥ samanta-buddhānāṃ sarvathā jina jina bhaya-nāśana svāhā

10.與滿願

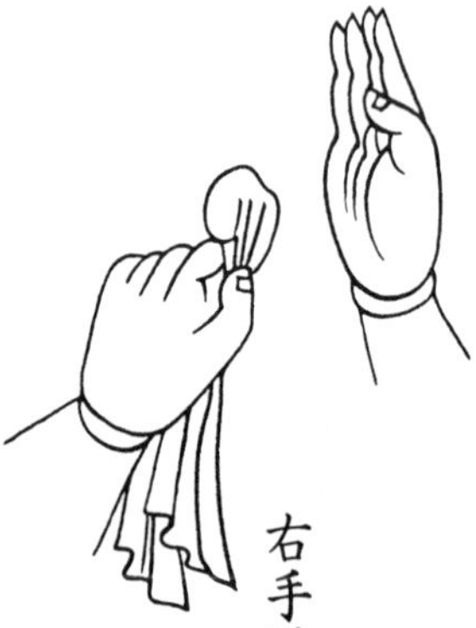

右手滿願印，左手執袈裟之一角。

【真言】

南麼　三曼多勃馱喃　嚩囉娜　伐折囉怛麼迦　莎訶

namaḥ samanta-buddhānāṃ varada vajr' ātmaka svāhā

11. 悲生眼

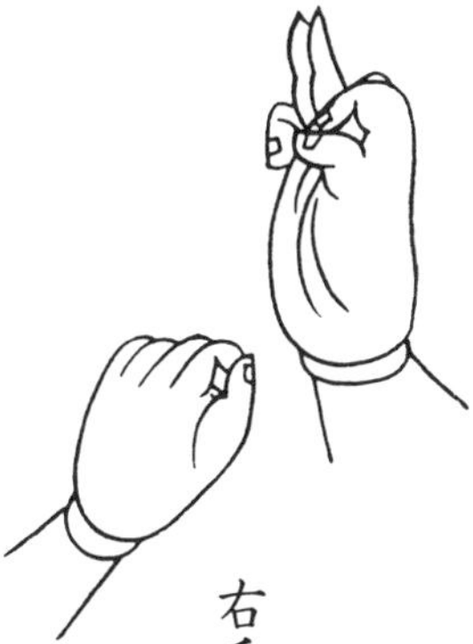

右手食指、小指、拇指屈於掌內，中指及無名指直豎。

【真言】

南麼　三曼多勃馱喃　伽伽那嚩囉谷洛吃灑儜　迦嚕儜麼那　怛他蘖多斫吃芻　莎訶

namaḥ samanta-buddhānāṃ gagana-vara-lakṣaṇa karuṇā-maya tathāgata-cakṣuḥ svāhā

12. 如來索

雙手內縛，食指微彎，指相觸。

【真言】

南麼　三曼多勃馱喃　係　係　摩訶播奢鉢羅娑嘮那囉也　薩埵馱睹微模訶

迦怛他蘖多地目吃底儞社多　莎訶

namaḥ samanta-buddhānāṃ he he mahā-pāśa prasaraudārya

sattva-dhātu-vimohaka tathāgatādhimukti-nirjāta svāhā

13. 如來心

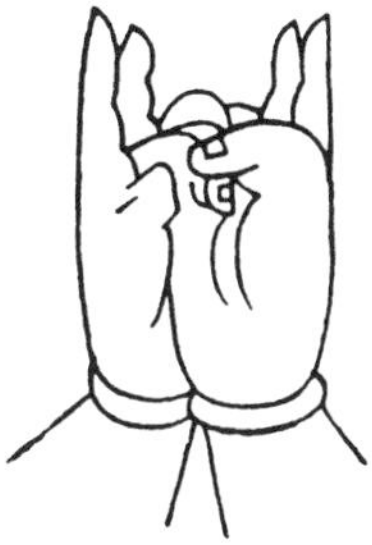

雙手內縛，食指、中指直豎。

【真言】

南麼　三曼多勃馱喃　壤怒婆嚩　莎訶

namaḥ samanta-buddhānāṃ jñānodbhava svāhā

14. 如來臍

雙手內縛，大拇指、食指、中指伸展，稍彎。

【真言】

南麼　三曼多勃馱喃　阿沒嘌覩嗢婆嚩　莎訶

namaḥ samanta-buddhānāṃ amṛtodbhava svāhā

15.如來腰

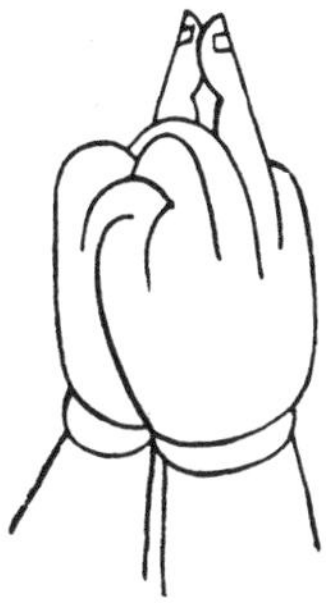

雙手內縛，無名指伸展稍彎，指尖相觸。

【真言】

南麼 三曼多勃馱喃 怛他蘖多三婆嚩 莎訶

namaḥ samanta-buddhānāṃ tathāgata-sambhava svāhā

16. 如來藏

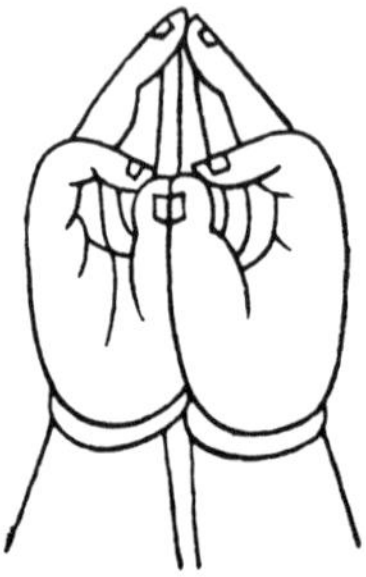

虛心合掌，兩拇指併立，兩食指彎曲各與拇指相捻。

【真言】

南麼 薩婆怛他蘗帝弊 嚂 嚂 嗒 嗒 娑嚩訶

namaḥ sarva-tathāgatebhyaḥ raṃ raṃ raḥ raḥ svāhā

17.普光

雙手內縛，兩食指直豎張開，兩中指微彎，指尖相觸，小指伸直併攏。

【真言】

南麼　三曼多勃馱喃　入嚩羅摩履儞　怛他蘗多喍旨　莎訶

namaḥ samanta-buddhānāṃ jvala-mālini tathāgatārci svāhā

18. 如來甲

虛心合掌，兩食指分開，附於中指指背，稍有距離。

【真言】

南麼　三曼多勃馱喃　伐折囉入嚩羅　微薩普囉　吽

namaḥ samanta-buddhānāṃ vajra-jvāla visphura hūṃ svāhā

19. 如來舌相

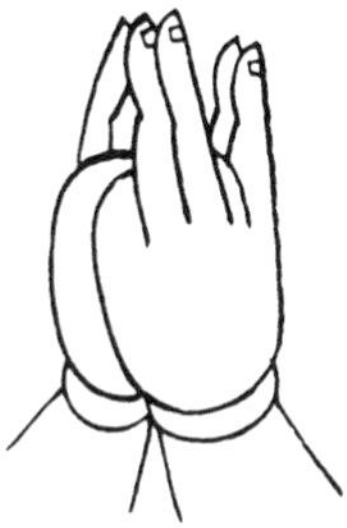

雙手內縛，食指、中指、小指伸直，指尖相觸。

【真言】

南麼　三曼多勃馱喃　怛他蘖多偭訶嚩　薩底也合達摩鉢囉瑟恥多　莎訶

namaḥ samanta-buddhānāṃ tathāgata-jihva satya-dharma-pratiṣṭhita svāhā

20.如來語──馬頭印

虛心合掌，二食指與無名指屈入掌中，二拇指併立，稍屈，如口形，拇指與小指表上、下唇，食指、無名指表齒，中指表舌。

【真言】

南麼　三曼多勃馱喃　怛他蘖多摩訶嚩吃怛囉　微濕嚩壤曩摩護娜也　莎訶

namaḥ samanta-buddhānāṃ tathāgata-mahā-vaktra viśva-jñāna-mahodaya svāhā

21.如來牙

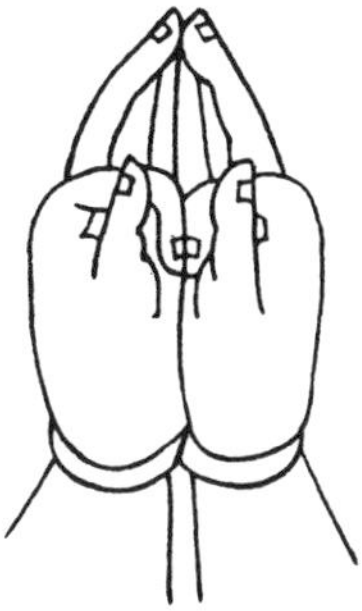

虛心合掌，兩食指彎入掌中，指甲相合，兩大拇指分開併立如牙形狀。二食指表二牙，二大拇指表下二牙。

【真言】

南麼 三曼多勃馱喃 怛他蘗多能瑟吒羅囉娑囉娑釳囉參囉博迦 薩婆怛他蘗多微灑也參婆嚩 莎訶

namaḥ samanta-buddhānāṃ tathāgata-daṃṣṭra rasa-rasāgra-samprāpaka sarva-tathāgata-viṣaya-sambhava svāhā

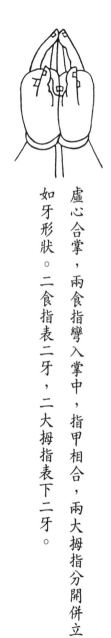

22. 如來辯說

虛心合掌，二食指直豎張開，二小指、大拇指皆併攏直豎。

【真言】

南麼　三曼多勃馱喃　阿振底也娜部多嚕波嚩　三摩哆鉢囉鉢多　微輸馱娑嚩囉　莎訶

namaḥ samanta-buddhānāṃ acintyādbhūta-rūpa-vācaṃ samanta-prāpta viśuddha-svara svāhā

23.如來持十刀

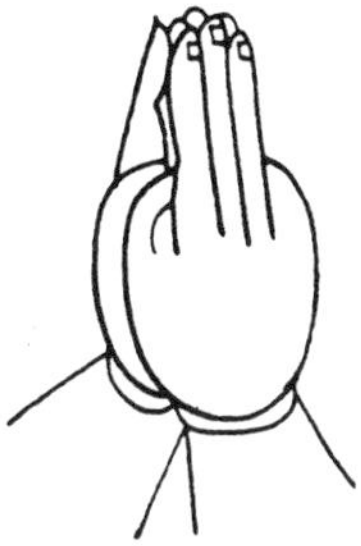

虛心合掌，二小指、拇指屈入掌中，餘指直豎，指尖相觸。

【真言】

南麼　三曼多勃馱喃　捺奢麼浪伽達囉　鈝　參　髯　莎訶

namaḥ samanta-buddhānāṃ daśa-balāṅga-dhara hūṃ saṃ jaṃ svāhā

24.如來念處

虛心合掌，二大拇指與食指相捻。

【真言】

南麼　三曼多勃馱喃　怛他蘖多娑麼嘌底薩埵係哆弊嗢蘖多伽伽那　糝忙糝
麼　莎訶

namaḥ samanta-buddhānāṃ tathāgata-smṛti sattva-hitābhyudgata-
gagana samāsama svāhā

25.一切法平等開悟

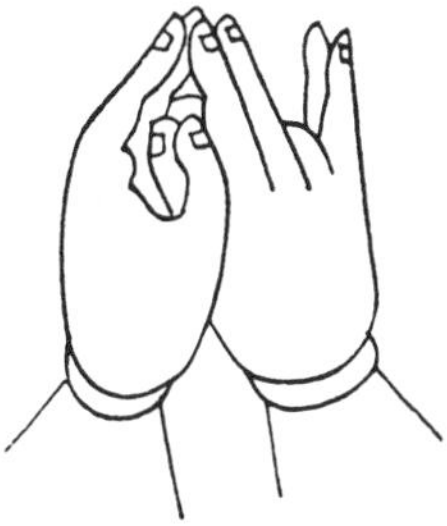

虛心合掌，二無名指屈入掌中，二大拇指押於無名指。

【真言】

南麼 三曼多勃馱喃 薩婆達摩三麼哆鉢囉 鉢多怛他蘖哆努蘖多 莎訶

namaḥ samanta-buddhānāṃ sarva-dharma-samanta-prāpta-tathāgatā-nugata svāhā

26.普賢菩薩如意珠

虛心合掌，二拇指壓於中指指根，二食指稍分開，押中指指背。

【真言】

南麼　三曼多勃馱喃　三麼多奴揭多　嚩囉闍達麼哩闍多　摩訶　摩訶　莎訶

namaḥ samanta-buddhānāṃ samantānugate viraja-dharma-nirjāta mahā mahā svāhā

27. 慈氏菩薩

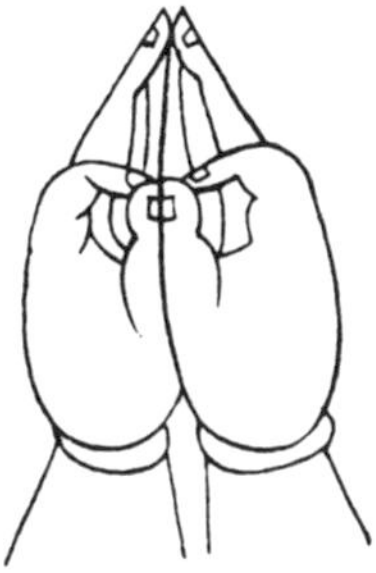

虛心合掌，二食指彎曲，與拇指相捻。

【真言】

南麼 三曼多勃馱喃 阿爾單若耶 薩婆薩埵捨耶努蘗多 莎訶

namaḥ samanta-buddhānāṃ ajitaṃ-jaya sarva-sattvāśayānugata svāhā

⊙時佛—內縛三胋印

雙手內縛，兩中指豎合，兩食指彎曲如鉤形，各附著於中指背，如三鈷杵之形。

⊙無能害力明妃

左手平伸五指仰上，右手覆於左手對上。

【真言】

南麼　薩婆怛他蘖帝弊　薩婆目契弊　阿娑迷　鉢囉迷　阿者麗　伽伽泥
薩麼囉孃薩婆怛羅努蘖帝　莎訶

namaḥ sarva-tathāgatebhyaḥ sarva-mukhebhyaḥ asame parame
'cale gagane smaraṇe sarvatrānugate svāhā

◎本尊加持—外五胋印

雙手外縛，兩中指、拇指、小指各自並豎，兩食指置於兩中指背側，但不相附著。

◉入我我入觀—法界定印

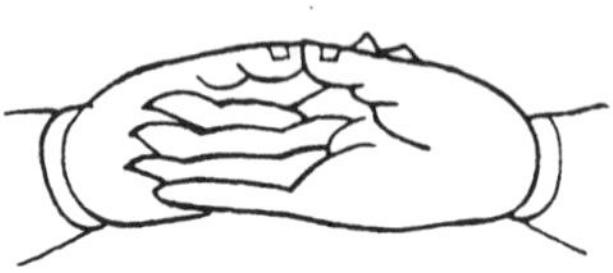

右手背疊在左掌上，向上放在膝上，使兩拇指相觸。

◉本尊加持—外五鈷印

雙手外縛，兩中指、拇指、小指各自並豎，兩食指置於兩中指背側，不相附著。

念誦修習分

◉正念誦─外五股印

雙手外縛，兩中指、拇指、小指各自並竪，兩食指置於兩中指背側，但不相附著。

◉本尊加持─字輪觀

右手背疊在左掌上，向上放在膝上，使兩大拇指相定。

後供方便分

⊙解界──大三摩耶印

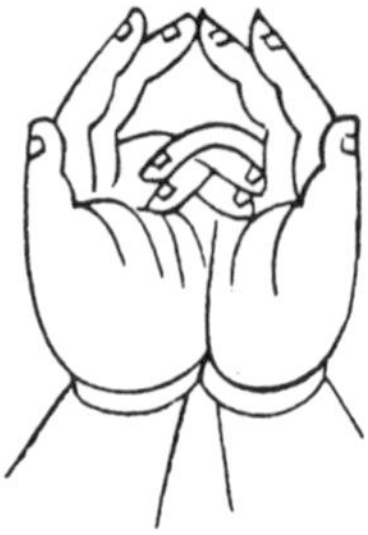

雙手內縛，豎立二中指，指端相觸，彎曲二食指如鈎，置於二中指後，稍離，不相接觸。二大拇指貼於二食指側，做三股杵形。

◉火院

以左掌靠右手背上，二大拇指的面相對，直立成三角形，餘八指散開

◉虛空網

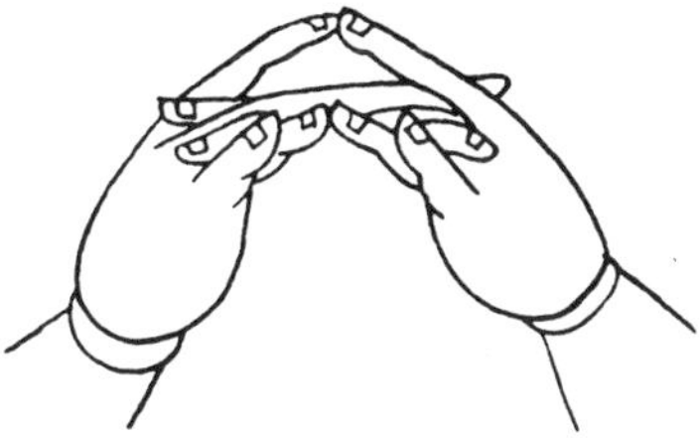

①以右中指放入左食指與中指之間，以右無名指放入左無名指與小指之間（頭部皆出）；②以左中指自右中指放入右食指與中指之間，以左無名指自右無名指背放入右無名指與小指之間；③二小指與二食指的指頭均互相支撐；④以二大拇指捻二食指指根側。

◉不動

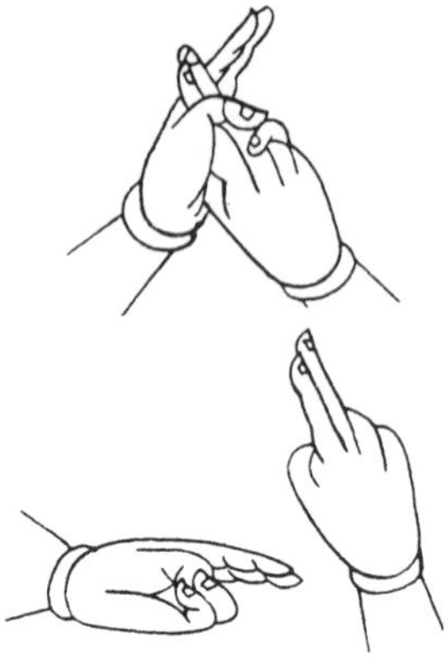

伸直左手食指、中指，以大拇指壓無名指小指的指甲形成刀鞘，右手也同樣做刀，插入鞘內置於左腿上，拔刀，在右胸上印面稍許向左安置。左鞘安置在左胸下方、稍許向身。將左鞘恢復原狀置於左腿上，刀回鞘內散印。

◉金剛墻

以右中指放入左食指與中指之間，以右無名指放入左無名指與小指之間（頭部皆出）。以左中指自右中指背放入右食指與中換之間，以左無名指自右無名指背放入右無名指與小指之間。

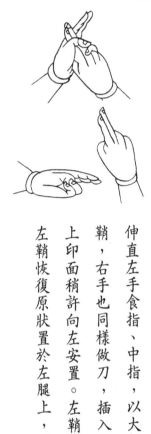

⊙地結

兩小指與二食指的指頭均互相支撐；二大指向下，指尖相接；唸真言一遍，同時以向下壓大地的姿勢下降（三次）。

以右手中指插入左手食指、中指之間，以右手無名指插入左手小指、中指之間；以左手中指纏在右手中指之背，以左手無名指纏在右手無名指之背；兩小指、兩食指表端相頂，大指向下。

【真言】

唵 抧里 抧里 嚩日囉嚩日哩 步囉 滿馱 滿馱 吽 發吒

oṃ kīli kīli vajra-vajri bhūr bandha bandha hūṃ phaṭ

◉撥遣

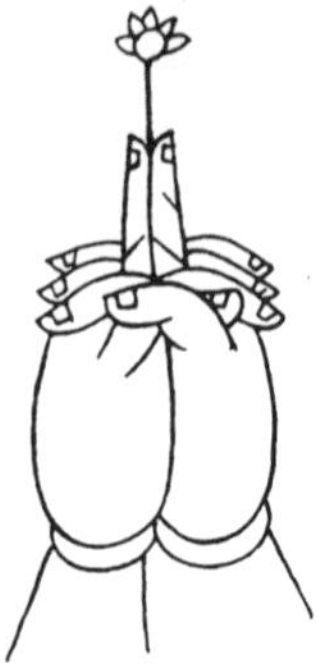

此為修法終了，奉送本尊之意，兩手外縛，二中指直立如蓮葉，指端持時華。

【真言】

唵　訖哩都　嚩　薩哩嚩薩埵哩他　悉提哩捺多　野他耨誐　薩蹉特網　沒駄尾沙焰　布那囉誐摩那野　覩　嚩日囉薩埵　穆

oṃ kito vaḥ sarra-satvārthaḥ siddhir datta yathā'nugā gacchadhraṃ buddha-viṣayaṃ punar āgamanāya tu vajra-satva muḥ

◎三部三昧耶

1. 佛部

拇指除外之八指，指端相朝合作圓形，兩拇指如蓋狀。

2. 蓮華部

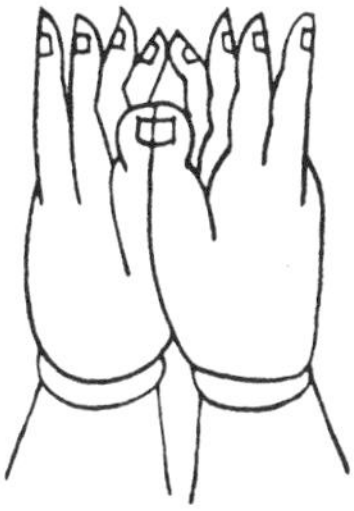

雙手虛心合掌；將二大拇指、二小指的指頭相接，中間六指稍許彎曲，如綻放蓮華的花形。

3.金剛部

雙手左覆右向，手背相對。以右大指與左小指相交（交叉），以左大指與右小指相交，中間的六指分開貼在手背上（三鈷杵之形）。

⊙被甲護身

內縛，二中指直豎，指尖相觸以二小指、二無名指之右壓左，在掌中相交；將二食指立在二中指後，二大拇指並排，壓二無名指邊側。

【真言】

唵　嚩日囉銀儞鉢囉捻跛路也　娑嚩訶

oṃ vajrāgui-pradīptāya svāhā

◉普禮

◉下禮盤

◉出道場

第2篇

護摩法手印

第一章 護摩法簡介

◉護摩法的意義

密教的護摩法，是一種能夠迅速得到本尊加持，使所求願滿的修法。也被列爲東密四部加行之一，即密教行者接受傳法灌頂成爲正式的弘法阿闍梨之前，除了十八道法、金剛界法、胎藏界法，所要修學之法。

護摩（homa），又作護魔、戶摩、呼魔、呼麼等，意義是將供物投入火中供養。在《大日經疏》卷十五中說：「護摩是燒義也」，不僅意爲焚燒，且本意爲燒食供養。另外，在《一切經音義》卷四十一中，也說明護摩是火祭法，即將供物焚於火中，並以之供養諸聖賢。

護摩法，源於婆羅門教供養火神阿耆尼，以爲驅魔求福之作法，事火婆羅門在火神的祭祀中，將供物投入祭壇之爐中，火焰表示入於諸佛之口中，諸神依此得力以降伏諸魔，而賜福予人們。

在此，佛教將其內涵，加以轉化昇華，依法性意義融攝之，並成爲密教的重要修法。在《大日經疏》卷二十中說：「護摩是以智慧之火焚燒煩惱的薪柴，使其窮盡無餘。」而在《尊勝佛頂真言修瑜伽軌儀》卷下則說，護摩者就如同爲火天一般，火能燒草木森林，使其無有剩餘，所以智火也是如此，能燒除一切無明，無不窮盡。

護摩法有三種法、四種法、五種法、六種法之別。在藏密中則略稱息、增、懷、誅等四法。在密法中胎藏界立佛部、金剛部與蓮華部等三部，而金剛界則立佛部、金剛部、蓮華部、寶部與羯摩部等五部，來涵攝諸尊法門，而這四種法門即涵攝金、胎兩部的修法。其中最常見的是四種護摩法：

(1)息災法（śāntika）：爲消除外在的災難、疾病、障礙、煩惱及罪障等惡事的修法。

(2)增益法（puṣṭikarman）：為增進福德、壽命、智慧等世間的幸福及修行上的福德的修法。

(3)敬愛法（vaśīkarana）：為祈求獲得佛菩薩護佑、眾人敬重，人際親睦及尊敬的修法。

(4)調伏法（abhicāraka）：為積極化解怨敵等災難、泯滅自他煩惱的修法。

密教中，這四種法除了用以區分修法的目的，及其所能達成的世間願望外，也顯示出成就佛道的修行法門之義。

而除了這四法之外，有時再加上鈎召法（ākarṣa）而成為五種法，有時又從增益法中，再分出延命法（Jani-tan），就成為密教的六種法了。

⊙平息災障的息災法

在密教當中針對息災的法門，更加以系統化的整理，並發展出息災法門。

息災法門（梵名śāntika），是密教的四種修法之一，息災法的梵名音譯為

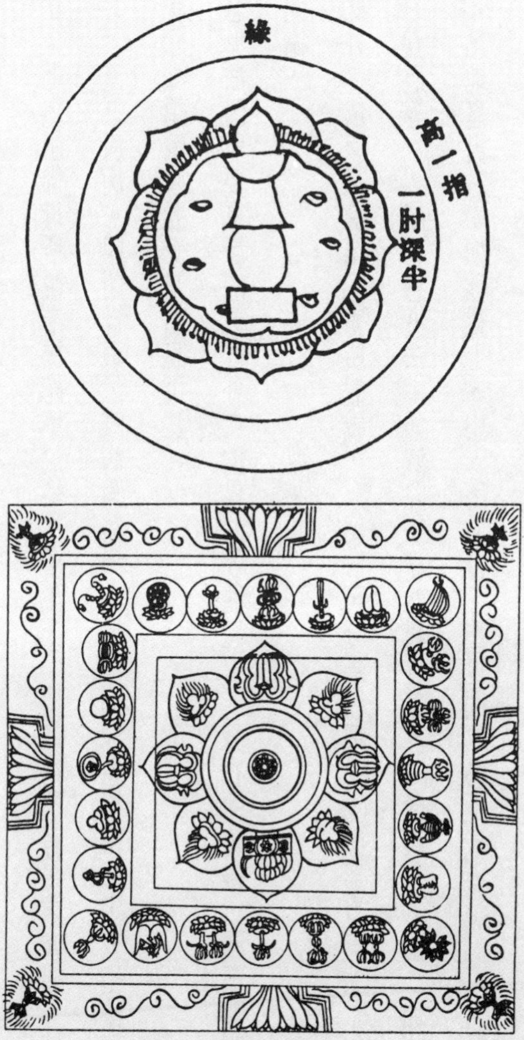

息災法壇圖

扇底迦，意譯爲寂災法、寂靜法、除災法等，是止息各種災害苦難、滅除無始煩惱罪業的方法，因此息災法不只是消滅種種的天災、戰禍、火災、饑饉、疾病、橫難等災厄，更要滅除無始劫來，所生起的煩惱罪障。

在《七俱胝佛母所說准提陀羅尼經》中說：「扇底迦法者，求滅罪、轉障、除災害，鬼魅疾病，囚閉枷鎖，疫病國難，水旱不調，蟲損苗稼，五星淩逼本命，悉皆除滅煩惱解脫，是名息災法。」

息災法門所要息滅的，從外在世界的各種災害、身心的障難，乃至無明煩惱悉皆涵攝。

此外，依據《檜尾記》所記載，息災法可分爲四種：(1)滅罪息災法：如滅除四重、五逆等。(2)滅苦息災法：如滅除三途八難等苦。(3)除難息災法：如除七難等。(4)悉地息災法：如欲得上、中、下，世、出世間等悉地成就。

這個說法，完整的涵攝了所有世間及出世間的息災法門。

而關於息災護摩法之修持，在《秘藏記》中說：「一息災法，取白月，日月水木等曜及和善等宿，初夜時起首，行者面向北方箕坐，坐以右足踏左足上，即觀自身遍法界成白色圓壇。我身一法界，我口即爐口，我身一法界作毗盧遮那如來，我毛孔澍乳雨，遍法界無所不至，及放大智光消除我業煩惱，並燒滅某甲爲某乙所作惡事，息地獄猛焰，飽滿餓鬼飢苦，除滅一切眾生業煩惱種種所作惡事，自他平等蒙法利，獲得大般涅槃。」

由此可知息災法的壇形爲白色的圓壇，修行者向北方吉祥而坐，而北方在五行中屬水大之義。但由於緣起上的發展，在藏密中，水大在東方，因此在修法方位上，也受到傳承因緣的不同，而有所變化，並非一成不變。

而此法的修習，是以大智光明來滅除一切惡業煩惱，能自他平等的蒙受法利，進而證得無上佛果的大般涅槃。因此，息法不只能使世間所有的災障消滅，更能成就無上菩提。

⊙增長智慧福德的增益法

增益法（梵名 puṣṭika），梵音譯爲布瑟徵迦法。又稱增長法、增榮法。在《八字文殊軌》又稱之爲求福智門，《毗那耶迦祕要》稱之爲求財。是祈求五穀

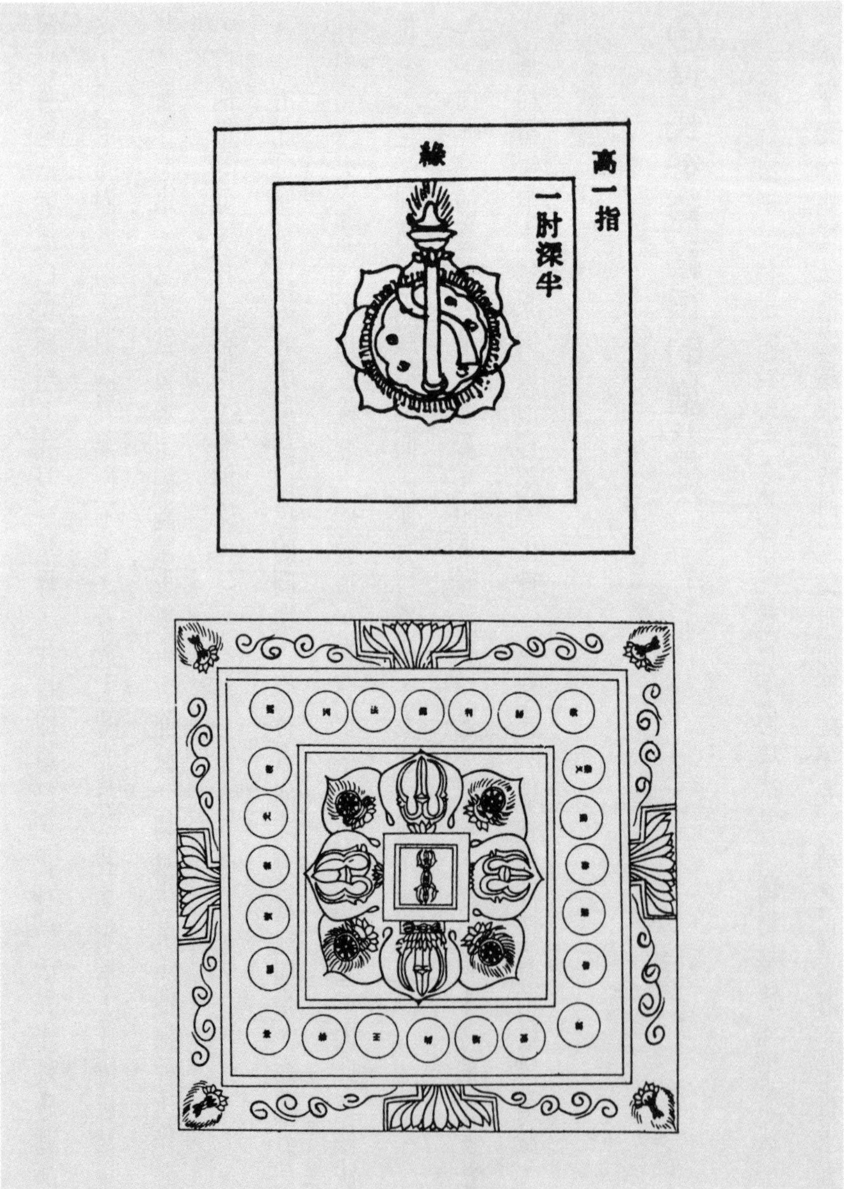

增益法壇圖

成就、福壽增長的修法。

在《七俱胝佛母所說准提陀羅尼經》中解釋說：「求延命、官榮、伏藏、富饒、聰慧、聞持不忘、藥法成就、金剛杵等成就、資糧圓滿速成無上菩提，名爲增益法。」

一般增益法分爲四種：

⑴福德增益，謂能得到廣大福德。⑵勢力增益，謂能獲廣大勢力、官位、爵祿。⑶壽命增益，謂能滅除身中所有害命之病，增長壽命。⑷悉地增益，謂能成就無量悉地，而延命法即四種之中的壽命增益法。如《檜尾護摩法略抄》所說。

其中增益法的護摩法（火供），是爲了增益自身及他人之壽命、福德、智慧等之修法。一般人智慧難以增長、功德難以圓滿、資財無法聚足，都是因爲自身之無福善之業力所招感的，所以，修此法以法身毗盧遮那福智圓滿的三密加持，滋長善福，以利修行。

因爲增長力的緣故，以地大之三昧耶來表現，所以增益護摩法的火壇，架爲地大形之方壇，其顏色爲黃色，以寶部的諸尊爲本尊，修行者向東方半跏趺坐，焚燒果木。

修持增益護摩法，可以幫助行者迅速地聚集世間、出世間的福善資糧。

⊙具足威德懷愛的敬愛法與鉤召法

敬愛法（梵名 vaśīkaraṇa，藏名 dbaṅ-du byed-pa），音譯為伐施迦囉拏，為密教中，為求得敬愛而修的法，稱為敬愛法，又稱慶愛法、愛敬法。在藏密中，稱此法為「懷法」或「懷愛法」。即為祈求和合親睦的祕法。

在《准提軌》中說：「伐施迦囉拏法者，若欲令一切人見者，發歡喜心，攝伏鉤召，若男若女，天龍八部、藥叉女，及攝伏難調伏鬼神，有諸怨敵，作不饒益事，皆令迴心歡喜，諸佛護念加持，是名攝召敬愛法。」

敬愛法中，又可分為折伏悖己者，令其隨順的「信伏敬愛」；令世間夫婦互相敬愛的「和合敬愛」；以及鉤召不隨順己心者，令其生起敬愛的「鉤召敬愛」；乃至無明眾生歸入本覺佛果的「悉地敬愛」。在《四曼義口決》中說：「我身、心、理、智、煩惱、菩提，各別鬥諍，解境即心、理即智，煩惱即菩提，色即

敬愛法壇圖

心，心即色等圓融、無礙義時，無彼此鬥諍，皆和通，是敬愛義也。」

此法原本是從息法、增益、調伏三種法中的增益法所分出。《七俱胝佛母准提大明陀羅尼經》、《大摩里支菩薩經》、《火吽供養儀軌》、《無二平等最上瑜伽大教王經》等將之列為四種法之一，《金剛頂瑜伽護摩儀軌》、《一切如來大祕密王未曾有最上微妙大曼荼羅經》將其列為五種法之一。

敬愛法是為了想要得到佛菩薩及聖眾加被，或想要得到眾人愛敬所修的護摩法。修此法不但於世間可得眾人歡喜敬愛，於菩提道上亦可使修行者集聚福德資糧，以得人敬愛而成就菩薩大行。

此法為蓮華部三昧耶，故護摩法壇用蓮華形壇，色法以赤色行之，以蓮華部之諸尊為本尊。修行者向西方箕坐，箕坐是交脛豎膝，並以右足踏左足上，焚燒之薪木以花木為主。《祕藏記》云：「慶愛法以後夜時起首、法依四種壇法，行者面向西方箕坐，二足並踏，觀我身遍法界，成赤色八葉蓮華。」

常與懷愛法並用的是鉤召法，鉤召（梵語ākarṣaṇa 或ākarṣaṇī），音譯作阿羯沙尼、翳醯呬。又作鉤召法、攝召法、請召法、招召法。為密宗四種修法之一，又爲五種修法之一，係爲召來人心所修的諸種祕法。於五部之中，配於羯磨部。此法是從原有的四種修法中之敬愛法衍生出者，因爲其能鉤召眾生之心，又能鉤召三惡趣之有情，令其生於善處，猶如鉤之牽引諸物，故有此稱。若與敬愛法並用時，稱鉤召敬愛法。

⦿降伏災障煩惱的降伏法

降伏法，又作調伏法，是爲調伏自身和他人一切煩惱業及其怨敵惡人等之護摩法。因爲自身煩惱業障之故，或因外魔怨敵所侵擾的緣故，事業艱鉅難成，所以修此調伏法，以法身如來之廣大悲願力所現之大忿瞋調伏之密行，加持行者以除自身煩惱業或降伏外魔怨敵之瞋恨心，而現自歸依佛法之心。

此法爲火大之三昧耶，故所行護摩法壇爲火大形之三角壇，其色法爲黑色或綠色，因黑爲風大之色，風有摧破之力用，且黑有滅餘色之力用，所以能爲降伏相應之色。此法本尊爲金剛部之諸尊。修法者向南方蹲踞，焚燒苦木。

要注意的是，修降伏法時，修法者內心應安住於無量大慈大悲當中，悲憫外

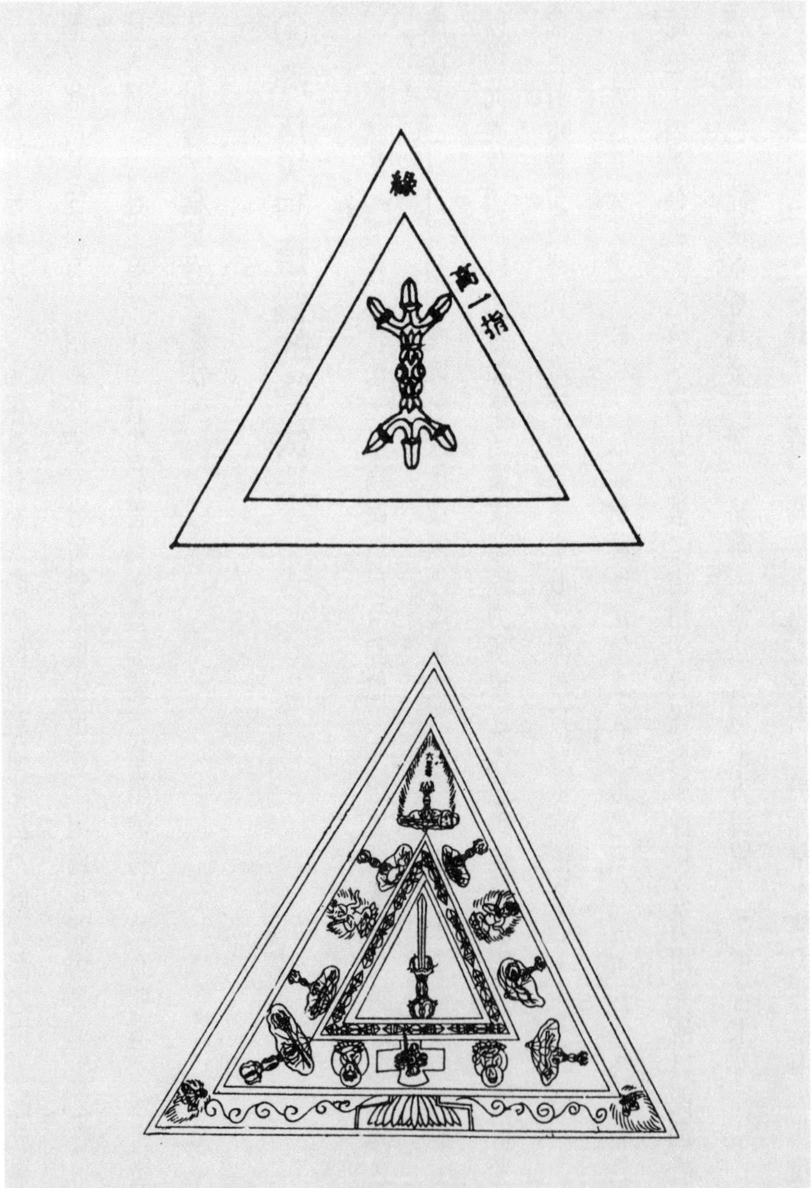

降伏法壇圖

魔怨敵因貪瞋痴煩惱業識所染，不改其惡行而反造重罪，永墜生死輪迴之苦海。因此，外現大惡忿怒之相，以斷除彼等煩惱妄執盡，甚至使其命根斷除時，能因大悲力故及如來悲願加持故，使其不墮入三惡道，而往生淨土得成佛道。如果行者以瞋恨心修此法，則使自身造下惡業，招致苦果，所以行者修此法時，應特別謹慎。

根據《大日經》、《略出經》、《仁王軌》、《千手軌》、《准提經》、《不空羂索經》所記載；以下將四種法之火壇形、色、方位等內容整理如後表一：

種類	梵語	壇形	色	護摩木	塗香	燒香	燈油	飲食	時分	
息災	扇底迦 śāntika	圓	白	甘木	白檀	沉水	酥	三白食	一日至八日	一日至八日
增益	布瑟置迦 puṣṭika	方	黃	果木	白檀（加少鬱金）	白檀	油麻	粳米飯（和乳酪酥）	九日至十五日	九日至十五日
敬愛	伐施迦羅拏 vaśīkaraṇa	蓮花	赤	花木	鬱金	丁香、蘇合香、蜜	諸果		十六日至二十二日	二十四日至盡日
調伏	阿毗遮嚕迦 abhicāraka	三角	青黑	苦木	柏木	安悉香	芥子		二十三日至盡日	十六日至二十三日

起首時	方角	坐法				心			眼			念誦	真言加句
初夜	北	蓮	薩埵跏	吉祥	吉祥	憺怕	慈	憺怕	慈悲	堅固慈悲	慈	默	初唵後莎訶
日出	東	吉祥	蓮花	結跏	蓮花	悅樂	喜悅	愉悅	金剛	歡喜開敷	法	不出聲	初後納麼
後夜	西	賢坐	賢坐	賢坐	賢坐	喜怒	[女含西]懠	愉喜	明目	極惡動搖	熾盛	出聲	初唵後麼發
日中或中夜	南	蹲踞	鉢嘌多里荼立或嘔俱吒	蹲踞	丁字立或蹲踞	忿怒			瞋怒	顰眉破壞	忿怒	大聲	初後[合牛]發

表二：五種法與金剛界五部之相應

種類	五部	五智	爐形	爐文	色	護摩木	起首時	方向	坐法
息災	佛部	法界體性	正圓	輪	白	甘木	初夜	北	吉祥
調伏	金剛部	大圓鏡	三角	獨股	黑	苦木	中日	南	蹲踞
增益	寶部	平等性	正方	三股	黃	果木	初日	東	全跏
敬愛	蓮華部	妙觀察	蓮花葉	蓮花	赤	華木	夜分	西	賢
鉤召	羯摩部	成所作	金剛形	鉤		刺木	一切時	諸方	半跏

本書第二篇第二章護摩法手印所使用之次第，是以成賢所著之《不動護摩私記》爲主，其內容乃是由不動法與護摩法二法所成。

不動法的儀軌以《大日經》所説爲根本，而其中又以《底哩三昧耶不動尊威怒王使者念誦法》與《底哩三昧不動尊聖者念誦秘密法》二本，做爲不動明王之本軌，而《金剛手最勝立印聖無動尊念誦儀軌法品》（立印儀軌）則整理得最完備，而被認爲是不動尊儀軌之基本。

護摩的儀軌有多種，其中具有代表性的是：《瑜伽護摩儀軌》及《建立護摩儀軌》，用於真言密教的護摩次第就是依據《瑜伽護摩儀軌》而來。

◉護摩法次第

在修習護摩法時，依據儀軌的次第，可分爲數段的修法供養。有時可分爲三段、四段或五段的修法，甚至也有分爲十一段修法的。

在三段的修法中，如《瑜伽軌》中説：「然後取一花，以火天真言加持（一、火天段）。然後三淨火，以四字明迎請佛菩薩（二、諸尊段）。以四字明，引十方世天（三、世天段）。」

以上是屬於三段分類的修法。此外在諸尊段中，又可分別開出本尊段與諸尊段二段，成爲四段的修法。迎請佛菩薩的諸尊段如果再開出部主段、本尊段及諸尊段，則成爲一、火天段，二、部主段，三、本尊段，四、諸尊段及五、世天段等五段的修法。在東密的護摩法最常見的就是以上的五段修法。

一般而言，在修習一座護摩法時，第一段的行法，是供養火天，也就是火天段的修法。

爲何最初要供養火天呢？在密法中認爲火天的法體，即是毘盧遮那如來自受用的智火，其相就是毘盧遮那如來的等法法身。所以火天是護摩的總體，所以最初供養。而在護摩修法中，是以煩惱爲薪，智慧爲火，身是壇場，定慧的法味爲種種供具，來供養心王的如來及供養心所的聖眾。而因爲供養火天能成就一切法，所以先供火天之後，再供佛菩薩，以成就一切功德。

第二段爲部主段，是在修習護摩時對部主供養的一段行法，部主段通常用於護摩法中本尊段的前行。所謂部主，就是一部諸尊中的上首；部主與本尊的關係，就如同宰相與國王一般。所以在國王要行幸之時，宰相要先到。所以在護摩法中，先勸請部主先行，再供勸請本尊。

在《蘇悉地經》卷下〈護摩品〉中說：「爲欲成就真言法故，作諸護摩，先請部主尊，次請本尊。」

而在《烏芻沙摩軌》中則說：「請火天出爐（中略），次請部主尊，可知部主段的次第。」

第三段爲本尊段，這是對一座護摩法的主尊，也就是本尊供養的一段。在修習護摩法時，有各種不同種類的修法，如息災、增益、勾召、敬愛、降伏、延命等法門。而每一種修法中，也隨著因緣的不同，而供養不同的主尊。這些主尊，即每一座護摩法的本尊。而本尊在每座護摩法中，就如同國王一般，其眷屬的上首，即部主尊，兩者就如國王與宰相的關係一般。所以先行勸請部主尊，再召請本尊供養。

第四段爲諸尊段，這是本尊內證境界眷屬諸尊供養之一段。諸尊在淺略的意義上，可以說是本尊的眷屬；在深秘的意義上，則是本尊內證功德法所示現的諸尊。這又可以分爲通別二相。諸尊通相即用金剛界三十七尊。因爲諸尊皆同於大日如來，所以任何本尊具足三十七智乃至無量智，三十七尊即爲內證眷屬。別相即如阿閦佛的東方四親近菩薩，觀世音菩薩之八大觀音或六觀音，不動明王之四大明王或五大明王，地藏菩薩之胎藏界地藏院六尊等，以上都可說是諸尊。除此之外，依於不同的護摩本尊及法門，各有不同因緣的眷屬諸尊。

第五段爲世天段，世天段又稱爲施天段，這是在一座護摩法中，勸請供養世間天神的一段修法。世天是本尊所具的眷屬使者，實際上可視爲本尊自體分身所示現的等流法身。因爲世人的事業成辦，轉禍爲福等事，都是天神所作，所以勸請供養世天，能除禍得福。而世天的首領主要爲四臂不動明王的緣故，所以在世天段中，則以供養不動明王爲主。

依《不動護摩私記》所說次第如下：

1. 加持愬掘—鍬印
2. 加持泥—馬頭明王印
3. 加持五色糸—大金剛輪印
4. 著座普禮—金剛合掌
5. 塗香
6. 三密觀—蓮華合掌

7. 淨三業—蓮華合掌
8. 佛部三昧耶—佛部三昧耶印
9. 蓮華部三昧耶—八葉印
10. 金剛部三昧耶—金剛部三昧耶印
11. 被甲護身—被甲護身印
12. 加持作法、灑淨香水
13. 加持作法、漱口香水
14. 羯摩加持—羯磨印
15. 覽字觀—金剛合掌
16. 淨地—金剛合掌
17. 觀佛—金剛合掌
18. 金剛起—金剛起印
19. 普禮—金剛合掌
20. 五悔—金剛合掌
21. 發菩提心真言—金剛合掌
22. 三昧耶戒真言—金剛合掌
23. 五大願—金剛合掌
24. 普供養及三力偈—普供養印
25. 大金剛輪—大金剛輪印
26. 金剛橛—金剛橛印
27. 金剛墻—金剛墻印
28. 道場觀—如來拳印
29. 大虚空藏—大虚空藏印
30. 小金剛輪—小金剛輪
31. 寶車輅—寶車輅印
32. 請車輅—請車輅印
33. 召請—大鉤召印
34. 四明—四明印
35. 拍掌
36. 辟除結界—降三世印
37. 虚空網
38. 金剛炎—火院
39. 大三昧耶—大三昧耶印
40. 閼伽

41. 蓮華座—八葉蓮華印
42. 振鈴
43. 塗香
44. 華鬘
45. 燒香
46. 飯食
47. 燈明
48. 供養（事供養）
49. 四智讚—金剛合掌
50. 本尊讚—金剛合掌
51. 普供養三力偈—普供養印
52. 小祈願—金剛合掌
53. 禮佛—金剛合掌
54. 入我我入觀—彌陀定印
55. 本尊加持—獨鈷印
56. 劍印
57. 字輪觀—彌陀定印
58. 本尊加持—獨鈷印（根本印）
59. 劍印
60. 大日印言—智拳印
61. 本尊根本加持—獨鈷印（根本印）
62. 劍印
63. 佛眼印言—佛眼印

【第一火天段】

64. 大日印言—智拳印
65. 本尊印明—劍印
66. 三平等觀—彌陀定印
67. 結火天印
68. 自觀—彌陀定印
69. 勸請火天—彌陀定印
70. 火天召請—火天召請印
71. 四明—四明印

72.普供養印明—普供養印
73.三力偈—普供養印
74.祈願—金剛合掌
75.撥遣

【第二部主段】

76.自觀—彌陀定印、降三世印
77.勸請部主—彌陀定印
78.部主召請—降三世召請印
79.四明—降三世召請印
80.合掌—金剛合掌
81.普供養三力—普供養印
82.祈願—金剛合掌
83.撥遣—降三世印
84.啟白—金剛合掌

【第三本尊段】

85.自觀—彌陀定印
86.劍印
87.勸請本尊—彌陀定印
88.本尊召請—大鉤召印
89.四明—四明印
90.啟白—金剛合掌
91.普供養印真言—普供養印
92.祈願—金剛合掌
93.本尊撥遣—大鉤召印
94.啟白—金剛合掌

【第四諸尊段】

95.羯磨加持—羯磨印
96.自觀—彌陀定印
97.勸請諸尊—彌陀定印
98.四攝印明—四明印

99. 啟白—金剛合掌
100. 普供養三力—普供養印
101. 祈願—金剛合掌
102. 撥遣—外五股印
103. 鉤召大咒—鉤召印
104. 啟白—金剛合掌

【第五世天段】

105. 勸請明王天等—彌陀定印
106. 大鉤召印
107. 啟白—金剛合掌
108. 普供養三力—普供養印
109. 祈願—金剛合掌
110. 啟白—金剛合掌
111. 後供養（理供養）—五供養印明
112. 供養（事供養）
113. 閼伽
114. 後鈴
115. 四智讚—金剛合掌
116. 本尊讚—金剛合掌
117. 普供養印明以及三力偈—普供養印
118. 小祈願—金剛合掌
119. 禮佛名號—金剛合掌
120. 至心迴向—金剛合掌
121. 大三昧耶—大三昧耶印
122. 火院
123. 虛空網—虛空網印
124. 降三世—降三世印
125. 金剛墻—金剛墻印（四方結印）
126. 金剛橛—金剛橛印（地結印）
127. 撥遣—撥遣印
128. 佛部三昧印—佛部三昧印
129. 蓮華部三昧耶—蓮華部三昧耶印
130. 金剛部三昧耶—金剛部三昧耶印

131. 被甲護身—被甲護身印

133. 以灑水灑壇上—彌陀定印

132. 下盤普禮—金剛合掌

134. 以灑水灑壇上等—金剛合掌

第二章 護摩法手印

作壇略作法

◉加持惣掘——鍬印

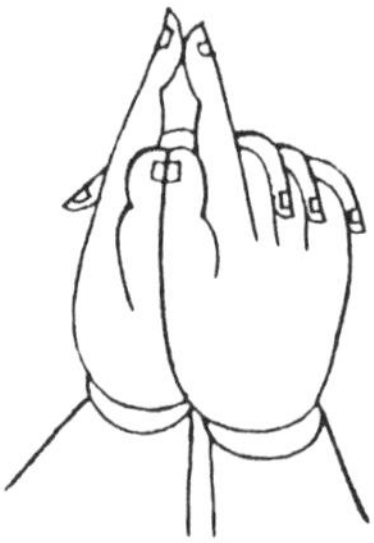

雙手外縛；二拇指並立，二食指相對立。

【真言】

唵 儞佉耶 那嚩蘇上提 娑嚩二合 賀引（二十一遍）

◎加持泥——馬頭明王印

雙手虛心合掌；彎曲二食、二無名指的第二節，並立二小指。並立二拇指，從二食指離開，做如馬口形。

【真言】

唵 阿蜜里都納皤嚩 吽 發吒 娑嚩訶

oṃ amṛtodbhava hūṃ phaṭ svāhā

⊙加持五色糸——大金剛輪印

雙手內縛，豎立二食指，指頭相支撐，以二中指壓二食指上節，指頭交縛，二拇指並立。

【真言】

曩麼悉　咥哩耶墜迦南　路多伽陀南　唵　鞞囉時　鞞囉時　摩訶斫迦囉嚩日哩　薩多薩多　娑囉帝　娑囉帝　怛囉曳　怛囉曳　毗陀麼儞　三盤誓儞　怛囉麼底悉陀揭唎　怛囑炎　娑嚩賀

namas try-adhvikānāṃ tathāgatānāṃ oṃ śikṣā-samuccaya viraji viraji mahā-cakra-vajri sattas sattas sārate sārate trāyi rtāyi vidhamani sambhañjani tramati-siddhāgrya tvaṃ svāhā

⊙著座普禮——金剛合掌

雙手密合，十指指尖交錯，將右手五指置於左手各指之上。

【真言】

唵　薩嚩怛他孽多播那滿娜曩　迦嚕彌

oṃ　sarva-tathāgata-pāda-vandanāṃ　karomi

◉塗香

伸直右手中指以下三指，以拇、食二指取塗香器之蓋，取塗香，將塗香放在左手無名指根下，向左右移三次，左右手在胸部伸直五指，右上左下拉引三次。

◉三密觀——蓮華合掌

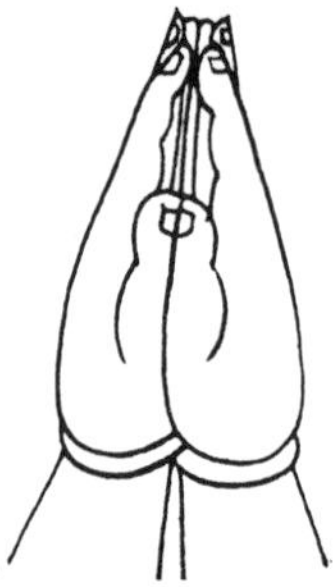

十指並齊，手掌離開，隆起結合（僅結合十指尖）。

◎淨三業——蓮華合掌

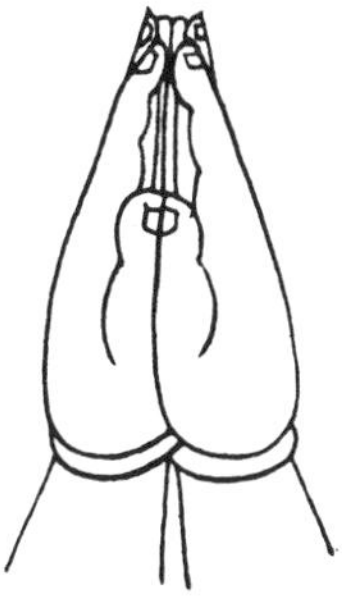

十食指並齊，手掌離開，隆起結合（僅結合十指尖）。唸三次真言時，稍許開啟二中指尖。

【真言】

唵　薩嚩婆縛述馱　薩婆達磨　薩嚩婆嚩述　度含

oṁ svabhāva-śuddhāḥ sarva-dharmāḥ svabhāva-śuddho 'ham

◎佛部三昧耶──佛部三昧耶印

雙手先做虛心合掌，十指並齊，掌中稍虛，再打開合掌，微曲二食指靠在二中指之上節，分開二大拇指，捻二食指側，如蓋狀。

【真言】

唵　怛他蘖都納婆嚩也　娑嚩訶

oṃ　tathāgatodbhavāya　svāhā

◉蓮華部三昧耶——八葉印

雙手先做虛心合掌，將二大拇指、二小指的指頭相接，中間六指稍許彎曲，如綻放蓮華的花形。

【真言】

唵　跛娜謨納婆嚩也　娑嚩訶

oṃ　padmodbhavāya　svāhā

⊙金剛部三昧耶——金剛部三昧耶印

雙手左覆右仰，手背相對。以右大指與左小指相交，以左大指與右小指相交，中間的六指分開貼在手背上，如三胋杵之形。

【真言】

唵　嚩日盧納婆嚩也　娑嚩訶

oṃ　vajrodbhavāya　svāhā

⊙被甲護身——被甲護身印

內縛，以二小指二無名指之右壓左，在掌中相交；豎起二中指，指尖相接，將二食指立在二中指後，做成鈎形，不與中指背相接，二大拇指並排，壓二無名指邊側。

【真言】

唵 嚩日羅銀儞鉢囉捻跛跢也 娑嚩訶

oṃ vajrāgni-pradīptāya svāhā

⊙加持作法・灑淨香水

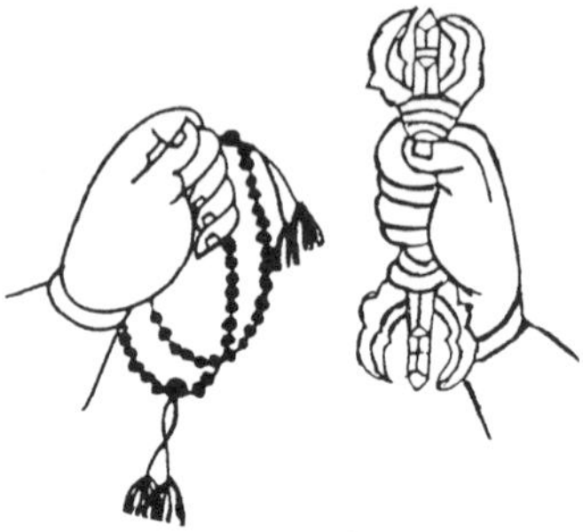

以左手取念珠，再以右手取盤上的三股杵，以其觸念珠，同時注視壇上的灑水器做二十一遍加持。加持結束後將右手的三股杵放回盤上。

⊙加持作法・漱口香水

以右手拉直左手的念珠，同樣以右手取獨股杵，並注視壇上的漱水器，與灑淨香水同樣的作二十一遍加持。加持結束後將右手的獨股杵放回盤上。

⊙羯磨加持——羯磨印

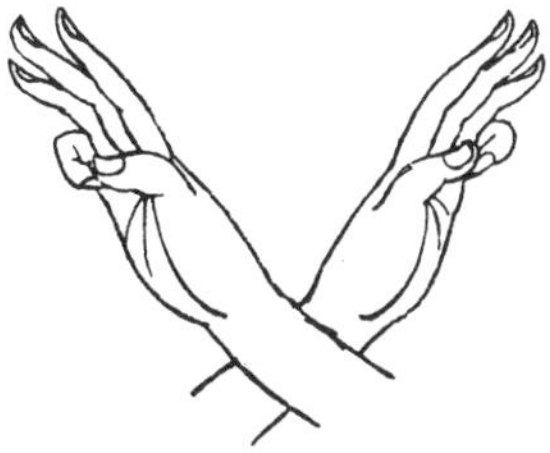

將念珠在左腕上掛一圈。以二拇指壓二小指指甲，其餘三指分開做金剛杵形。兩腕相交，此時右手在內側，印面向身，己達者做逆順三轉。

⊙覽字觀——金剛合掌

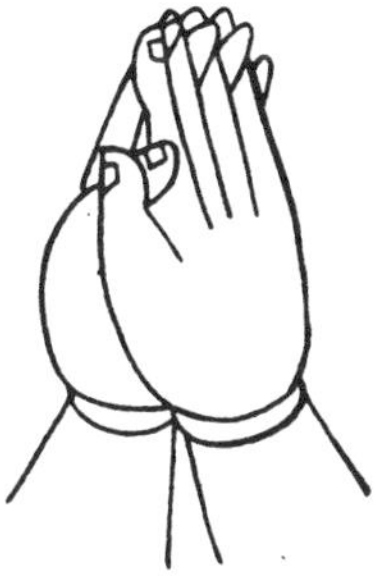

雙手密合，十指指尖交錯，將右手五指置於左手各指之上。

⊙淨地——金剛合掌

雙手密合，十指指尖交錯，將右手五指置於左手各指之上。

【真言】

唵　囉儞波誐哆　薩嚩達摩

oṃ　rajo　'pagatāḥ　sarva-dharmāḥ

⊙觀佛——金剛合掌

雙手密合，十指指尖交錯，將右手五指置於左手各指之上。

【真言】

欠 嚩日囉馱覩

khaṃ vajra-dhāto

⊙金剛起——金剛起印

雙手各做金剛拳，小指中節相鉤結。食指伸直，支撐側邊。以印舉三次（即用二食指尖向身體方向招三次），每次唸真言。

【真言】

唵 跋折囉 底瑟咤

oṃ vajra tiṣṭha

⊙普禮——金剛合掌

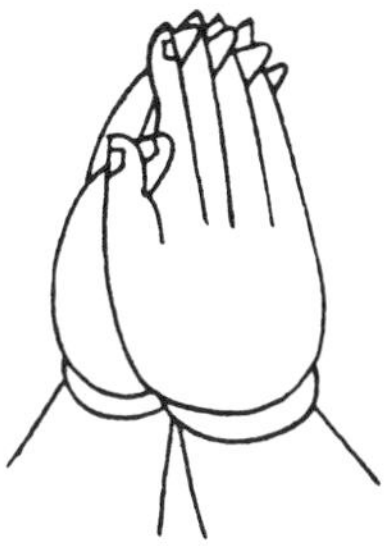

雙手密合，十指指尖交錯，將右手五指置於左手各指之上。

【真言】

唵　薩嚩怛他孽多播那滿娜曩　迦嚕彌

oṃ　sarva-tathāgata-pāda-vandanāṃ　karomi

⊙五悔——金剛合掌

雙手密合，十指指尖交錯，將右手五指置於左手各指之上。

⊙發菩提心真言——金剛合掌

雙手密合，十指指尖交錯，將右手五指置於左手各指之上。

【真言】

唵 薩嚩怛他孽多播那滿娜曩 迦嚕彌

oṃ sarva-tathāgata-pāda-vandanāṃ karomi

◎三昧耶戒真言——金剛合掌

雙手密合，十指指尖交錯，將右手五指置於左手各指之上。

【真言】

三昧耶薩 怛鑁

samayas tvam

◉五大願——金剛合掌

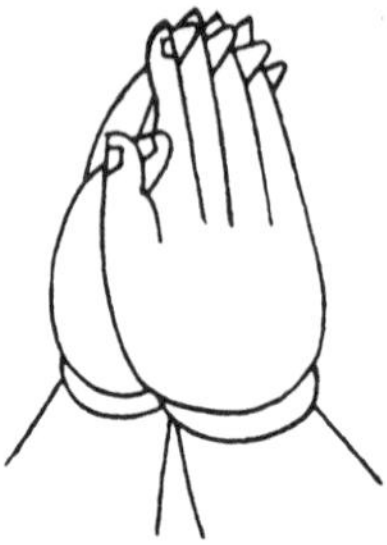

雙手密合，十指指尖交錯，將右手五指置於左手各指之上。

◉普供養及三力偈——普供養印

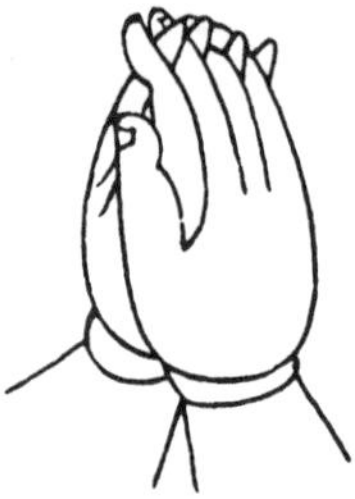

念珠掛在左臂上，作金剛合掌，支撐二食指，內縮成寶形，二大拇指並立。

【真言】 唵 阿謨伽布惹 麼抳 鉢納麼嚩日囉 怛他蘖哆尾路枳帝 三滿多鉢囉薩囉 吽

oṃ amogha-pūja maṇi-padma-vajre tathāgata-vilokite samanta-prassara hūṃ

◎大金剛輪——大金剛輪印

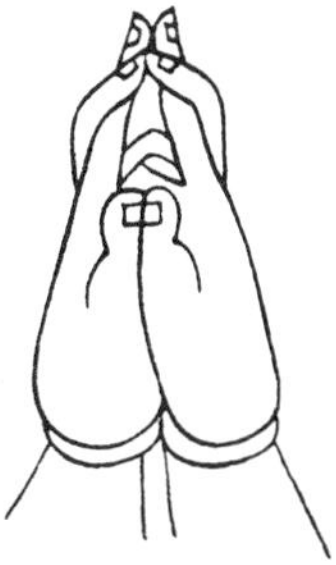

雙手內縛，豎立二食指，指頭相支撐，以二中指壓二食指上節，指頭交縛，二大拇指並立。

【真言】

曩麼悉 咥哩耶墜迦南 哆多伽陀南 唵 鞞囉時 鞞囉時 摩訶斫迦囉嚩日哩 薩多薩多 娑囉帝 娑囉帝 怛囉曳 怛囉曳 毗陀麼儞 三盤誓儞 怛

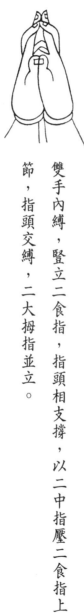

囉麼底悉陀揭唎　怛囑炎　娑嚩賀

namas try-adhvikānāṃ tathāgatānāṃ oṃ śikṣā-samuccaya viraji viraji mahā-cakra-vajri sattas sattas sārate sārate trāyi rtāyi vidhamani sambhañjani tramati-siddhāgrya tvaṃ svāhā

⊙金剛橛——金剛橛印（地結印）

以右中指放入左食指與中指之間，以右無名指放入左無名指與小指之間（頭部皆出），以左中指自右中指背放入右食指與中指之間，以左無名指自右無名指背放入右無名指與小指之間，二小指與二食指的指頭均互相支撐，二大拇指向下，指尖相接，唸誦真言一遍，同時以向下壓大地的姿勢下降（三次）。

【真言】

唵 枳里 枳里 嚩日囉嚩日哩 步囉 滿馱 滿馱 吽 發吒

oṃ kīli kīli vajra-vajri bhūr bandha bandha hūṃ phaṭ

◎金剛墻——金剛墻印（四方結印）

保持地結印的狀態，分開掌豎立二大拇指，做成墻形，依序旋轉三次。

【真言】

唵 薩羅薩羅 嚩日羅鉢羅迦羅 吽 發吒

oṃ sāra-sāra vajra-prākāra hūṃ phaṭ

◉道場觀——如來拳印

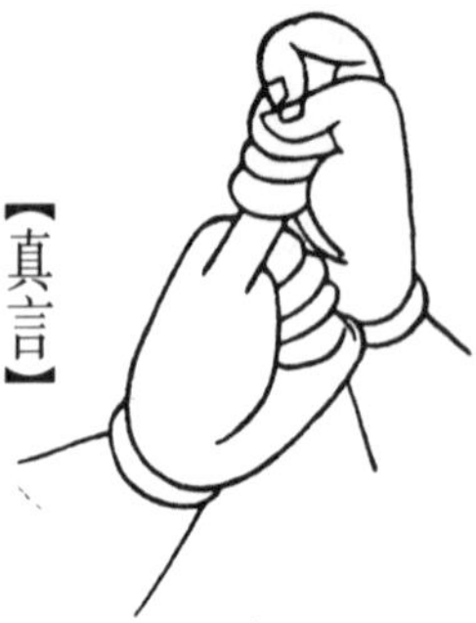

以左手作蓮華拳，右手作金剛拳，以右手小指淺握左手的大拇指。

【真言】

唵 部 欠

oṃ bhūḥ khaṃ

◉大虛空藏——大虛空藏印

雙手虛心合掌，外縛二中指，彎曲二食指做寶形，並排二拇指。

【真言】

唵 誐誐曩三婆嚩嚩日囉 斛

oṃ gagana-sambhava-vajra hoḥ

◎小金剛輪——小金剛輪印

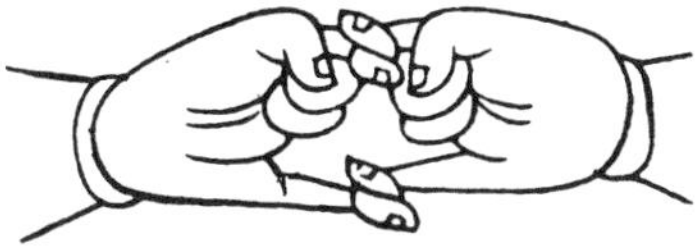

雙手做金剛拳，鉤結二小指，鉤結二食指完成印，印身之五處。然後反印，印虛空與身之前壇上、本尊、諸尊、供物。印向身收納口裡（稍許抬高印，接近嘴後散開），收納嘴裡，雙手向左右散開的形態。

唵 嚩日囉斫囉 吽 弱 吽 鑁 斛

oṃ vajra-cakra hūṃ jaḥ hūṃ vaṃ hoḥ

◎寶車輅——寶車輅印（送車輅印）

雙手做內縛仰起，伸直二食指，指尖相接。掌中六指稍許擴開做成華座，以二大拇指壓二食指指根，唸真言，外縛二大拇指。

【真言】

唵　覩　嚕　覩　嚕　吽

oṃ　turu　turu　hūṃ

⊙請車輅——請車輅印

將寶車輅印（前印）保持原姿勢，每誦真言以二大拇指壓二中指尖三次，表召請的動作。

【真言】

曩莫悉底哩耶地尾迦南　怛他蘖路南　唵　嚩日朗儗孃迦囉灑耶　娑嚩賀

namas try-adhvikānāṃ tathāgatānāṃ oṃ vajrāgny ākarṣaya svāhā

⊙召請——大鉤召印

雙手內縛，右食指直立，以右食指招三次，真言三次。

【真言】

南麼　三曼多勃馱喃　阿　薩婆怛囉鉢囉底訶諦　怛他蘗黨矩奢　菩提浙囉
耶　鉢囉布　邏迦　莎訶

namaḥsamanta-buddhānāṃ　āḥ　sarvatrāpratihata　tathāgatāṅkuśa
bodhi-carya-paripūrka　svāhā

⊙四明——四明印

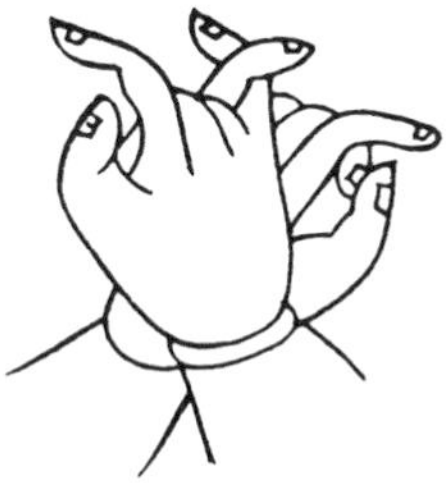

雙手做忿怒拳，雙手手背相對合，鉤結二小指、二食指做鉤形。

【真言】

惹 吽 鑁 呼

jaḥ hūṃ vaṃ hoḥ

⊙拍掌

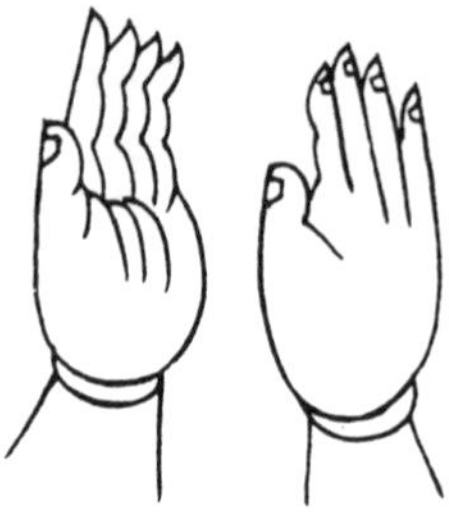

伸直雙手五指，拇指橫放掌中，雙手相向約在胸前，如旋鞠做三次舞儀旋轉，拍掌三次。

⊙辟除結界——降三世印

雙手做忿怒拳，雙手背相對鉤結二小指，直立二食指，向左三轉。完成辟除，向右三轉，完成結界。

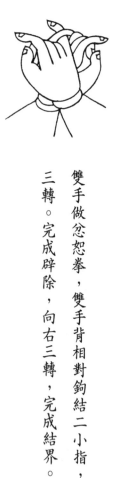

⊙虛空網

以右中指放入左食指與中指之間，以右無名指放入左無名指與小指之間（頭部皆出）。以左中指自右中指背放入右食指與中指之間，以左無名指自右無名指背放入右無名指與小指之間。兩小指頭與二食指的指頭均互相支撐，二拇指向下，指尖相接。唸真言一遍，同時向下壓大地的姿勢下降（三次）。

【真言】

唵　尾娑普羅捺　落乞叉　嚩日羅半惹羅　吽　發吒

oṃ visphurād rakṣa vajra-pañjara huṃ phaṭ

⊙金剛炎——火院

以左掌靠右手背上。二拇指的面相對，直立成三角形，其他八指散開。

【真言】

唵 阿三莽擬儞 吽 發吒

oṃ asamāgne hūṃ phaṭ

⊙大三昧耶——大三昧耶印

雙手內縛，豎立二中指，指端相對，彎曲二食指如鉤，置於二中指後，稍離二中指，不接觸，二拇指貼於二食指側，做三股杵形，向右三轉。

【真言】

唵　商迦隸　摩訶三昧焰　娑縛賀

oṃ śṛṅkhale mahā-samayaṃ svāhā

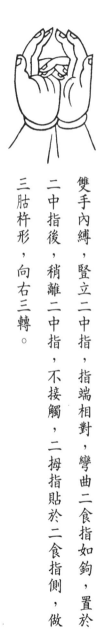

◉閼伽

①仰雙掌，掌內側相接。中指以下之六指並排，稍許彎曲，互相支撐各指頭。二食指彎曲放在各中指的上節上，以二拇指壓各食指側。

②左手做閼伽半印，移置閼伽器，右手結小三股印（五指伸直，以大拇指壓小指），做三次加持（唸真言「嚩」字）

③右手做閼伽半印靠左手，在左右閼伽印上安置閼伽器，捧起時唸真言「唵」字。

⊙蓮華座——八葉蓮華印

雖與蓮華部三昧耶印相同，但稍微彎曲指尖。

【真言】

唵　迦麻攞　娑嚩賀

oṃ　kamala　svāhā

⊙振鈴

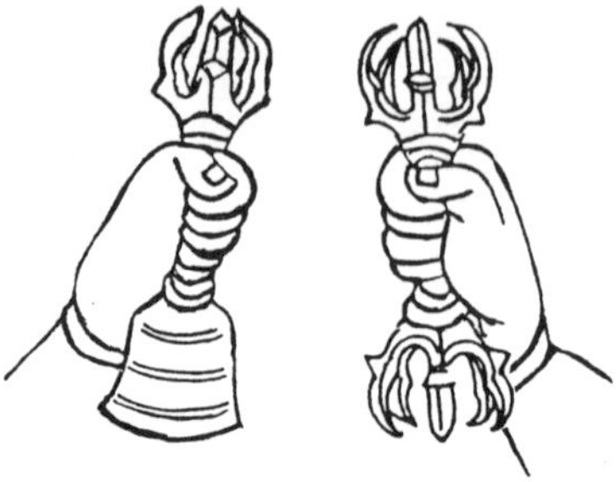

左手做金剛拳置腰上，以右手取五股杵（同時唸真言）在中指以下的三指間，用力夾住杵，即取鈴。

為使鈴無聲，向右方側放，輕輕對正胸下。

其次將鈴移至左手，鈴對正左下腰。

將右手的五股杵做三次抽擲（向上投，每次唸真言「吽」字）。在胸前舉杵，前端在上，以相反順序各做三轉，加持五處、虛空。

杵對正右胸下，印面向外反轉，以不豎不橫持之。

拉起左手之鈴，先在左耳邊振五次。

其次放在心上振三次。然後在額前振二次。

【真言】

唵 嚩日囉健吒 覩瑟也 斛

oṃ vajra-ghaṇṭā tuṣya hoḥ

⊙塗香

右手五指並立，拇指橫放掌中，立臂向外，以左手握右腕，如在本尊身上塗香，輕輕下垂。

【真言】

南麼 三曼多勃馱喃 微輸馱健杜納嚩 莎訶

namaḥ samanta-buddhānāṃ viśuddha-gandhodbhavāya svāhā

⦿華鬘

雙手做內縛，豎立二食指，指頭互相支撐稍許彎曲成圓形。二拇指在二食指下稍離豎立。

【真言】

南麼　三曼多勃馱喃　摩訶妹呾嚦也毗庾蘗帝　莎訶

namaḥ samanta-buddhānāṃ mahā-maitry-abhyudgate svāhā

◎燒香

雙手手掌向上並齊。中指以下三指背對背立起，二食指側相接，伸直二拇指。

【真言】

南麼　三曼多勃馱喃　達摩馱睹弩蘗帝　莎訶

namaḥ samanta-buddhānāṃ dharma-dhātv-anugate svāhā

⊙飯食

首先做虛心合掌，食指以下的四指尖相接，雙手掌向上稍許分開。二拇指靠二食指側，又稱鉢印。

【真言】

南麼　三曼多勃馱喃　阿囉囉迦羅羅沫隣　捺娜弭　沫隣捺泥　摩訶沫㘑　莎訶

namaḥ samanta-buddhānāṃ arara-karara baliṃ dadāmi baliṃ-dade mahā-baliḥ svāhā

⊙燈明

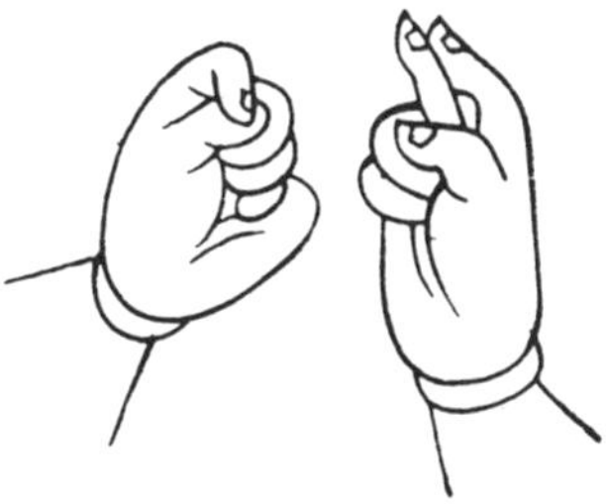

左手做金剛拳置於腰上，以右手拇指壓無名指、小指的指甲，立起中指，食指彎曲放在中指背上。以上四供為理供養，接著再作事供養。

【真言】

南麼　三曼多勃馱喃　怛他揭多喇旨薩叵囉　嚀嚩婆娑娜伽伽猱陀哩耶　莎訶

namaḥ samanta-buddhānāṃ tathāgatārci-sphuraṇāvabhāsana gaganodārya svāhā

⊙供養（事供養）

1.塗香

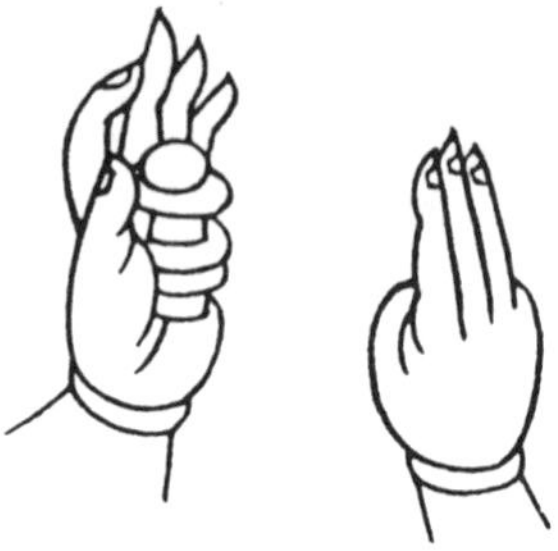

①左手作金剛拳置腰上，以右手大拇指，中指取塗香器。
②在燒香上旋轉三遍薰香。
③左手作閼伽半印，將器移置。
④以右手作小三鈷印，行三次加持（唸真言「喃」字）。
⑤雙手做閼伽印，其上置塗香器，捧起唸真言「嗡」字。

【真言】

南麼　三曼多勃馱喃　微輸馱健杜納嚩　莎訶

namaḥ　samanta-buddhānāṃ　viśuddha-gandhodbhavāya　svāhā

2. 華鬘

①～③作法同前塗香①～③之作法。

④供養後以右大拇指、食指二指取前方中央一片。

⑤將④中的一片置閼伽器前。

⑥然後取左邊的一片。

⑦將⑥的一片置塗香器前。

⑧其次取右邊的一片。

⑨將⑧的一片置於先前放華鬘器的位置。

⑩將華鬘器放回原處時，反手取器。

⑪將剩餘的一片朝本尊方向送回原處。

【真言】

南麼　三曼多勃馱喃　摩訶妹咀㘑也毗庾蘗帝　莎訶

namaḥ samanta-buddhānāṃ mahā-maitry-abhyudgate svāhā

3.燒香

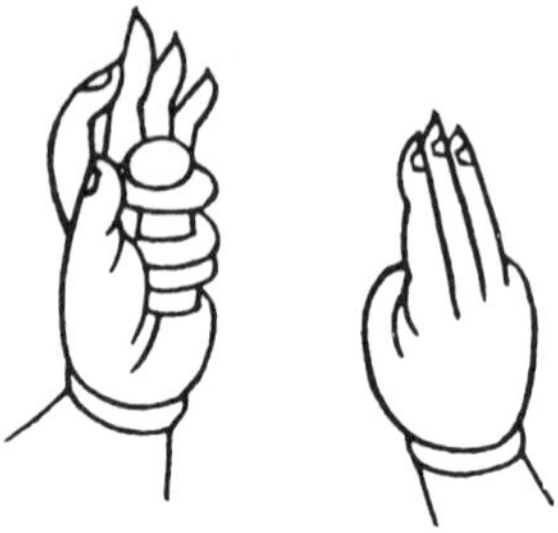

將右手的食指、中指放在香爐下。拿起香爐，將香爐移置左手閼伽半印上，以右手小三胋印做加持。以閼伽印做供養。

【真言】

南麼　三曼多勃馱喃　達摩馱睹弩蘖帝　莎訶

namaḥ　samanta-buddhānāṃ　dharma-dhātv-anugate　svāhā

4. 飯食

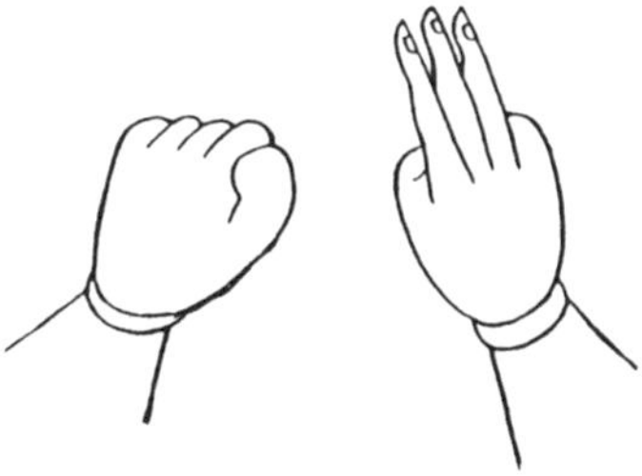

不用手取飲食器，僅用右手的小三貼印和真言「覽」字做三遍加持。左手做金剛拳置於腰上，眼睛注視飯食。作閼伽半印，以真言「嗡」字供養。

【真言】

南麼　三曼多勃馱喃　阿囉囉迦羅羅沫鄰捺娜弭　沫鄰捺泥　摩訶沫㘑　莎訶

namaḥ samanta-buddhānāṃ arara-karara baliṃ dadāmi baliṃdade mahā-baliḥ svāhā

5.燈明

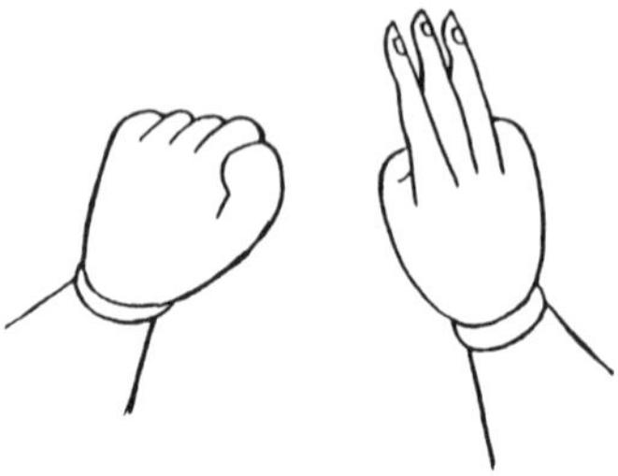

①左手做金剛拳置於腰上，右手作小三胋印向燈明，以真言「喃」字做三遍加持。

②做閼伽半印，以真言「嗡」字供養。

【真言】

南麼　三曼多勃馱喃　怛他揭多喇旨薩叵囉憺嚩婆娑娜伽伽猱陀哩耶　莎訶

namaḥ samanta-buddhānāṃ tathāgatārci-sphuraṇāvabhāsana gagano-dārya svāhā

⊙四智讚——金剛合掌

雙手密合，十指指尖交錯，將右手五指置於左手各指之上。

①金剛合掌放在心上，稍許低頭做恭致禮。

②低頭稍許伸出臂。

③將合掌自肚臍逐漸提起，向口散開，呈垂帶形。

④雙手在胸邊做三次舞儀三拍。

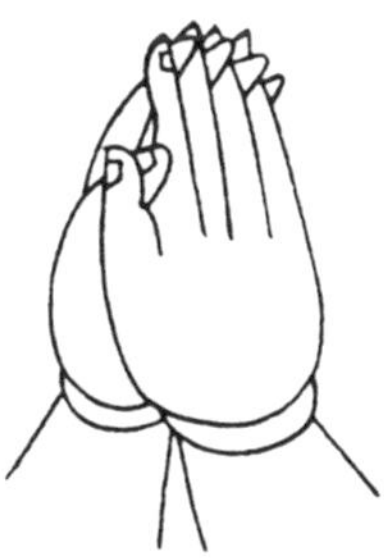

【真言】

唵 嚩日囉薩埵僧屹囉賀 嚩日囉囉怛那摩耨多囕 嚩日囉達哩摩誐野迺
嚩日囉葛哩麼葛嚕 婆嚩

oṃ vajra-satva-saṃgrahād vajra-ratuam anuttaraṃ vajra-dharma-
gāynaiś ca vajrra-karma-karo bhava

⦿本尊讚——金剛合掌

雙手密合，十指指尖交錯，將右手五指置於左手各指之上。

⦿普供養三力偈——普供養印

念珠掛在左臂上，雙手先作金剛合掌；支撐二食指，內縮成寶形（寶珠形）；二大拇指並立。

◎小祈願——金剛合掌

雙手密合，十指指尖交錯，將右手五指置於左手各指之上。

◎禮佛——金剛合掌

雙手密合，十指指尖交錯，將右手五指置於左手各指之上。

⊙入我我入觀——彌陀定印

雙手外縛，二食指屈豎背相合，二拇指伸直指端相合，置於二食指指端上；仰印置於臍前。

⊙本尊加持——獨股印

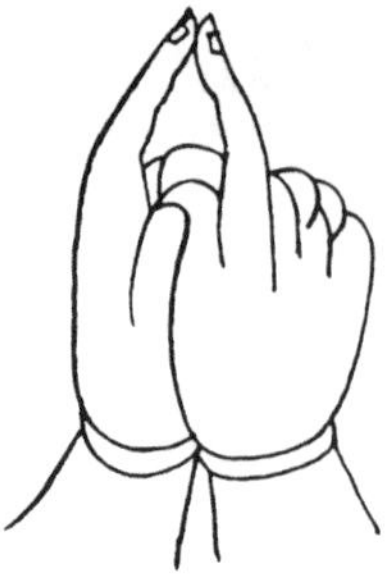

雙手內縛，二食指直立相對，二拇指交叉放入，分別壓二無名指指甲。

【真言】

南麼　三曼多伐折囉赧　悍

namaḥ samanta-vajrāṇāṁ hāṁ

◎劍印

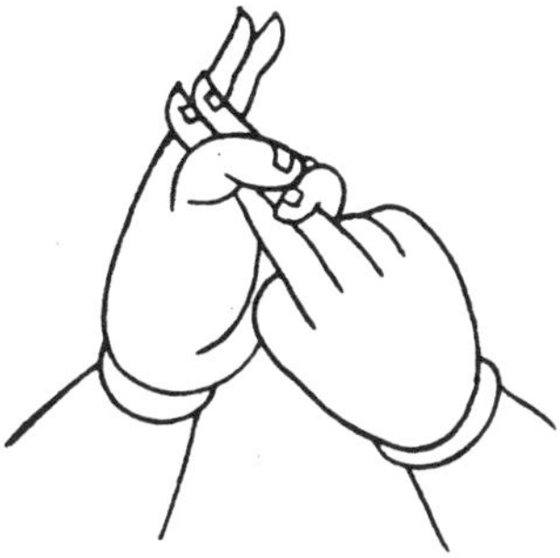

左手食指、中指各自伸展，而以拇指傾壓小指、無名指之指甲為刀鞘，右手同樣作刀狀，繼之將右手之刀置於左鞘中。

【真言】

曩莫　三曼多縛日羅赧　戰拏　摩訶路灑拏　薩頗吒也　吽　怛羅迦　悍漫

namaḥ samanta-vajrāṇāṁ caṇḍa mahā-roṣaṇa sphaṭaya hūṁ traka hāṁm āṁ

◉字輪觀——彌陀定印

雙手外縛，彎曲雙手食指中節，指背相對，二拇指橫在其端上。

◉本尊加持——獨股印

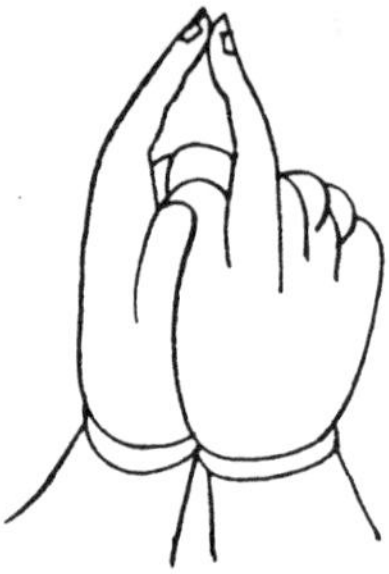

雙手內縛，二食指直立相對，二拇指交叉放入，分別壓二無名指指甲。

【真言】

南麼 三曼多伐折囉赧 悍

namaḥ samanta-vajrāṇāṃ hāṃ

◎劍印

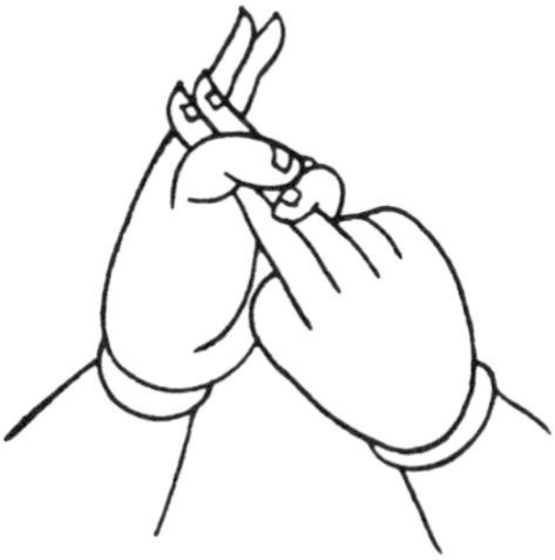

左手食指、中指各自伸展，而以拇指傾壓小指、無名指之指甲為刀鞘，右手同樣作刀狀，繼之將右手之刀置於左鞘中。

【真言】

曩莫 三曼多縛日羅赧 戰拏 摩訶路灑拏 薩頗吒也 吽 怛羅迦 悍漫

namaḥ samanta-vajrāṇāṃ caṇḍa mahā-roṣaṇa sphaṭaya hūṃ traka hāṃṃ āṃ

◎大日印言——智拳印

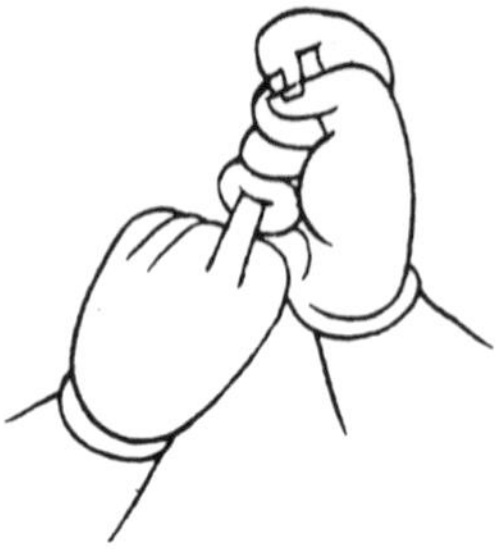

右手做金剛拳，左手做蓮華拳，伸直左手蓮華拳的食指，用右手金剛拳深握。

【真言】

唵　縛日羅　馱覩　鑁

oṃ　vajra　dhātu　vaṃ

⊙本尊根本加持——獨股印

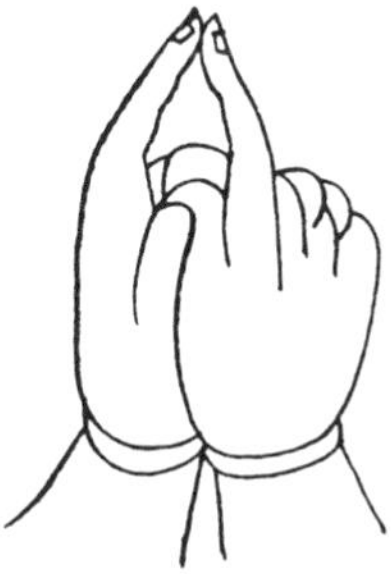

雙手內縛，二食指直立相對，二拇指交叉放入，分別壓二無名指指甲。

⊙劍印

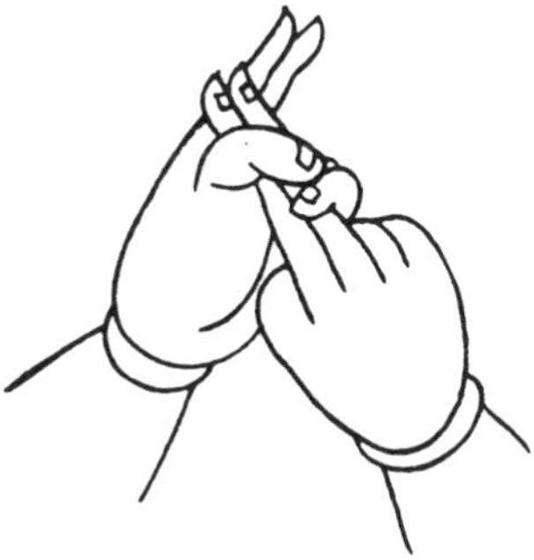

左手食指、中指各自伸展，而以拇指傾壓小指、無名指之指甲為刀鞘，右手同樣作刀狀，繼之將右手之刀置於左鞘中。

⊙佛眼印言——佛眼印

雙手虛心合掌，二食指分別壓在各二中指上節背上。二拇指二小指指尖相對，中間分開。

第一火天段

⊙大日印言——智拳印

右手做金剛拳，左手做蓮華拳。伸直左手蓮華拳的食指，用右手金剛拳深握。

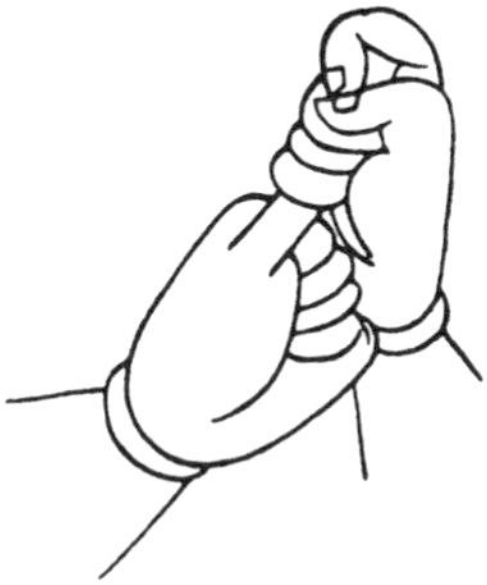

【真言】

唵　跋折囉馱都　鑁

oṃ　vajra-dhātu　vaṃ

◎本尊印明—劍印

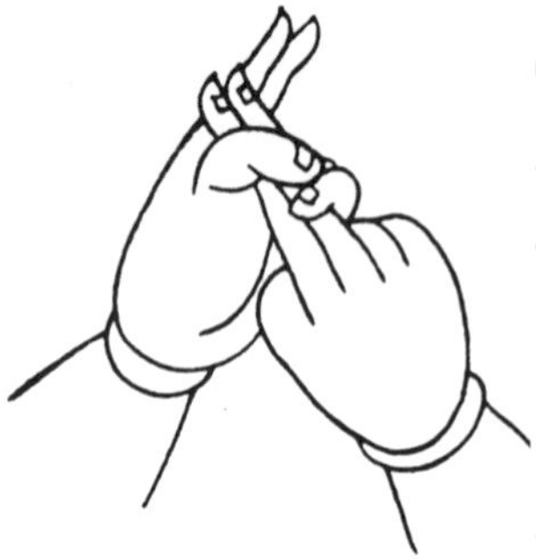

左手食指、中指各自伸展，而以拇指傾壓小指、無名指之指甲為刀鞘，右手同樣作刀狀，繼之將右手之刀置於左鞘中。

【真言】

曩莫　三曼多縛日羅赧　戰拏　摩訶路灑拏　薩頗吒也　吽　怛羅迦　悍漫

namaḥ samanta-vajrāṇāṁ caṇḍa mahā-roṣaṇa sphaṭaya hūṁ traka hāmṁ āṁ

⊙三平等觀——彌陀定印

雙手外縛，彎曲雙手食指中節，指背相對，二大拇指橫在其端上。

⊙結火天印——火天印

以左手握右腕。彎曲右手大拇指置於掌中，四指伸直。在心、額、喉、頂四處做加持。

【真言】

南麼　三曼多勃馱喃　惡揭娜曳　莎訶

namaḥ samanta-buddhānāṃ agnaye svāhā

◎自觀——彌陀定印

雙手外縛，彎曲雙手食指中節，指背相對，二大拇指橫在其端上。

◎勸請火天——彌陀定印

雙手外縛，彎曲雙手食指中節，指背相對，二大拇指橫在其端上。

⊙火天召請——火天召請印

以食指召三次，左手做金剛拳置於腰上。彎曲右手大拇指橫放掌中，餘四指豎立。以食指每唸一遍真言向內召三次。

⊙四明——四明印

雙手做忿怒拳，背相對合，鉤結二小指、二食指做鉤形。

【真言】

惹 吽 鑁 呼

jaḥ hūṃ vaṃ hoḥ

⊙普供養印明——普供養印

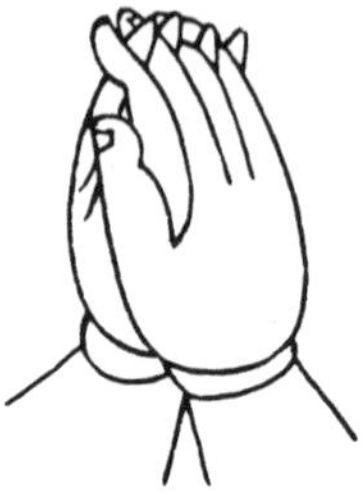

念珠掛在左臂上，作金剛合掌。支撐二食指，內縮成寶形，二大拇指並立。

【真言】

曩莫 三滿多沒馱南 薩縛他 欠 揾娜蘗底 娑頗羅 呬輪 誐誐曩 劍
娑嚩訶

namaḥ samanta-buddhānāṃ sarvathā khaṃ udgate sphara hīmaṃ
gagan-khaṃ svāhā

◎三力偈——普供養印

念珠掛在左臂上，作金剛合掌。支撐二食指，內縮成寶形，二大拇指並立。

【真言】

唵 抧里 抧里 嚩日囉嚩日哩 步囉 滿馱 滿馱 吽 發吒

oṃ kīli kīli vajra-vajri bhūr bandha bandha hūṃ phaṭ

⊙祈願——金剛合掌

雙手密合，十指指尖交錯，將右手五指置於左手各指之上。

【真言】

唵　薩婆怛他揭多餉悉陀　薩婆薩埵南　薩婆悉陀耶　三跛睍談　怛他揭多
遏地底瑟咤憺

oṃ　sarva-tathāgata-śaṃsitāḥ　sarva-sattvānāṃ　sarva-siddhayaḥsam-
padyantāṃ　tathāgatāś　cādhitiṣṭhantāṃ

⊙撥遣

兩手外縛，兩中指豎起，指尖相合，持一時華，誦真言俱時投華。

【真言】

唵　訖哩都　嚩　薩哩嚩薩埵哩他　悉提哩　捺多　野他耨誐　薩蹉特網　沒馱尾沙焰　布那囉誐麼那野　覩　嚩日囉薩埵　穆

oṃ kṛto vaḥ sarva-satvārthaḥ siddhir dattā yathā'nugā gacchadhvaṃ buddha-viṣayaṃ punar āgamanāya tu vajra-satva muḥ

第二部主段

◉自觀——彌陀定印・降三世印

雙手外縛。

彎曲雙手食指中節，指背相對，二拇指橫在其端上。

雙手做忿怒拳，二拳背相對鉤結二小指，直立二頭指。

向左三轉完成辟除，向右三轉完成結界。

【真言】

唵　遜婆　儞遜婆　吽　屹哩恨拏　屹哩恨拏　吽

屹哩恨拏播野　吽　阿那野　呼　婆誐鑁　嚩日囉　吽　發

吒

oṃ śumbha niśumbha huṃ gṛhṇa gṛhṇa huṃ gṛhṇāpaya huṃ ānaya ho bhagavan vajra huṃ huṃ phaṭ

⊙勸請部主——彌陀定印

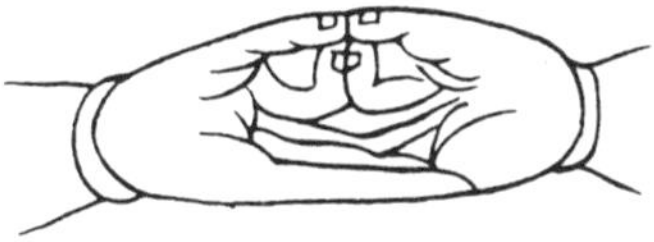

雙手外縛，彎曲雙手食指中節，指背相對，二大拇指橫在其端上。

⊙部主召請——降三世召請印

雙手做忿怒拳，二小指相鉤結，指背相對。在真言之末以右食指召三次。

【真言】

唵 遜婆 儞遜婆 吽 屹哩恨拏 屹哩恨拏 吽 屹哩恨拏播野 吽 阿那野 呼 婆誐鑁 嚩日囉 吽 發吒

oṃ śumbha niśumbha huṃ gṛhṇa gṛhṇa huṃ gṛhṇāpaya huṃ ānaya ho bhagavan vajra huṃ phaṭ

⊙四明——降三世召請印

雙手做忿怒拳，二小指鉤結指背相對。在真言之末以右食指召三次。

【真言】

唵 遜婆 儞遜婆 吽 屹哩恨拏 屹哩恨拏 吽 屹哩恨拏播野 吽 阿那野 呼 婆誐鑁 嚩日囉 吽 發吒

oṃ śumbha niśumbha huṃ gṛhṇa gṛhṇa huṃ gṛhṇāpaya huṃ ānaya ho bhagavan vajra huṃ phaṭ

◎合掌——金剛合掌

雙手密合，十指指尖交錯，將右手五指置於左手各指之上。

【真言】

唵　跋折囉若哩

oṃ　vajrāñjali

⊙普供養、三力——普供養印

念珠掛在左臂上；作金剛合掌，支撐二食指，內縮成寶形，二拇指並立。

【真言】

唵 阿謨伽布惹 麼抳鉢納麼嚩日㘑 怛他蘖哆尾枳帝 三滿多鉢囉薩囉 吽

oṃ amogha-pūja maṇi-padma-vajre tathāgata-vilokite samanta-prasata hūṃ

⊙祈願——金剛合掌

雙手密合，十指指尖交錯，將右手五指置於左手各指之上。

【真言】

唵　跋折囉若哩

oṃ　vajrāñjali

◉撥遣——降三世印

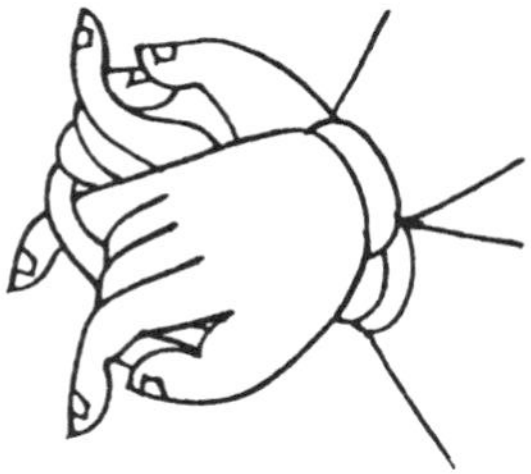

雙手做忿怒拳，雙手背相對鉤結二小指，直立二頭指。向左三轉完成辟除，向右三轉完成結界。

【真言】

唵　訖哩都　嚩　薩哩嚩薩埵哩他　悉提哩　捺多　野他耨誐　薩蹉特網　沒馱尾沙焰　布那囉誐摩那野　覩　嚩日囉薩埵　穆

oṃ　kṛto　vaḥ　sarva-satvārthaḥ　siddhir　dattā　yathā'nugā　gacchadhvaṃ　buddha-viṣayaṃ　punar　āgamanāya　tu　vajra-satva　muḥ

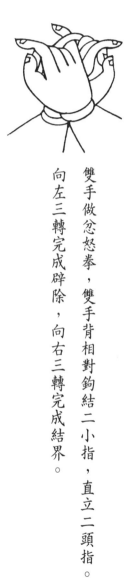

◉啟白——金剛合掌

雙手密合，十指指尖交錯，將右手五指置於左手各指之上。

【真言】

唵 跋折囉若哩

oṃ vajrāñjali

第三本尊段

⊙自觀──彌陀定印

雙手外縛，彎曲雙手食指中節，指背相對，二拇指橫在其端上。

⊙劍印

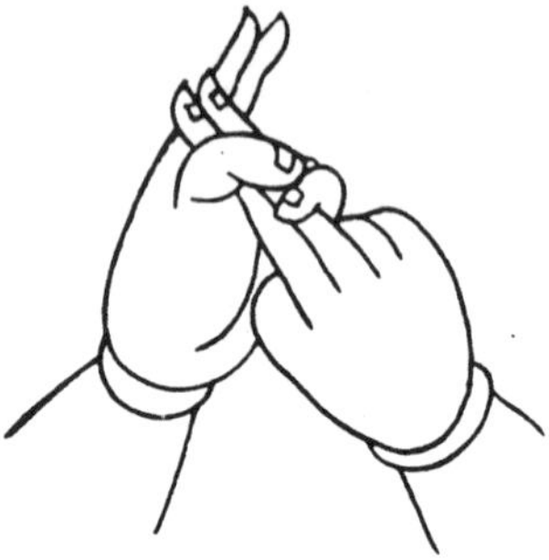

左手食指、中指各自伸展，而以拇指傾壓小指、無名指之指甲為刀鞘，右手同樣作刀狀，繼之將右手之刀置於左鞘中。

【真言】

曩莫　三曼多縛日羅赧　戰拏　摩訶路灑拏　薩頗吒也　吽　怛羅迦　悍漫

namaḥ samanta-vajrāṇāṃ caṇḍa mahā-roṣaṇa sphaṭaya hūṃ traka hāṃṃ āṃ

⊙勸請本尊——彌陀定印

雙手外縛；彎曲雙手食指中節，指背相對，二拇指橫在其端上。

⊙本尊召請——大鉤召印

雙手內縛，右頭指直立；以右食指招三次。

⊙四明——四明印

雙手做忿怒拳，手背相對合；鉤結二小指、二食指做鉤形。

【真言】

惹 吽 鑁 呼

jaḥ hūṃ vaṃ hoḥ

⊙啟白——金剛合掌

雙手密合，十指指尖交錯，將右手五指置於左手各指之上。

⊙普供養印真言——普供養印

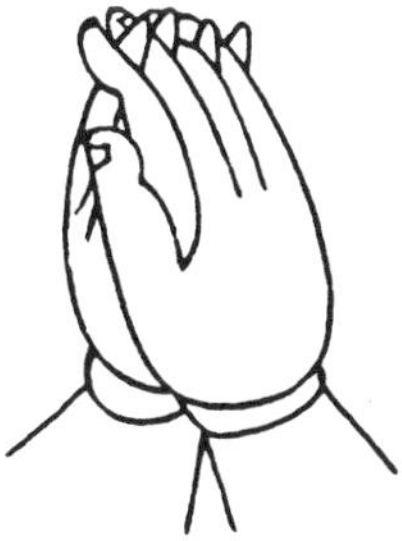

念珠掛在左臂上，作金剛合掌，支撐二食指，內縮成寶形，二拇指並立。

【真言】

唵 阿謨伽布惹 麼抳鉢麼嚩日嚟 怛他蘖哆路抧帝 三滿多鉢囉薩囉 吽

oṃ amogha-pūja mani-padma-vajre tathāgata-vilokite samanta-prasara hūṃ

◎祈願──金剛合掌

雙手密合，十指指尖交錯，將右手五指置於左手各指之上。

⊙本尊撥遣——大鉤召印

雙手內縛，右食指直立。以右食指招三次。

⊙啟白——金剛合掌

雙手密合，十指指尖交錯，將右手五指置於左手各指之上。

第四諸尊段

⊙羯磨加持——羯磨印

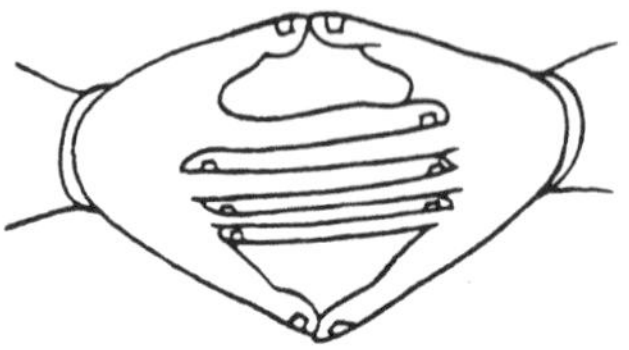

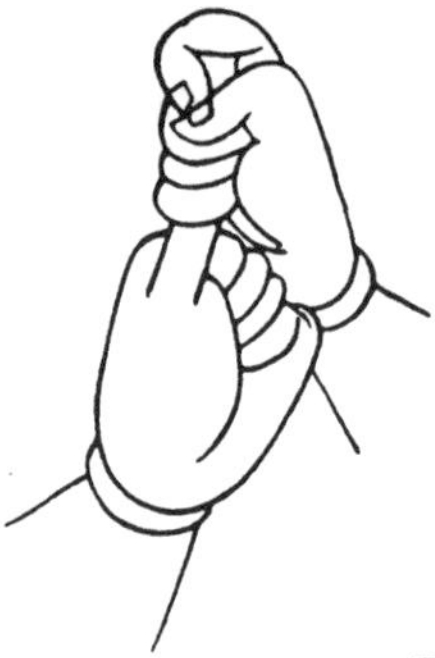

雙手外縛，二拇指二小指指端相對立，開掌置於臍上。以左手做蓮華拳，右手作金剛拳，以右手小指淺握左手的拇指。

【真言】

唵　鉢那迷　真多麼抳　入嚩攞　吽

oṃ padme cintāmaṇi jvala hūṃ

◉自觀——彌陀定印

雙手外縛，彎曲雙手食指中節，指背相對，二拇指橫在其端上。

◉勸請諸尊——彌陀定印

雙手外縛，彎曲雙手食指中節，指背相對，二拇指橫在其端上。

⊙四攝印明——四明印

雙手做忿怒拳，背相對合，鉤結二小指、二食指做鉤形。

【真言】

惹 吽 鑁 呼

jaḥ hūṃ vaṃ hoḥ

◉啟白——金剛合掌

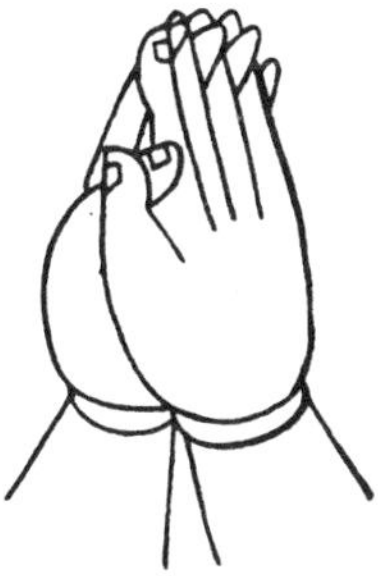

雙手密合，十指指尖交錯，將右手五指置於左手各指之上。

◉普供養三力——普供養印

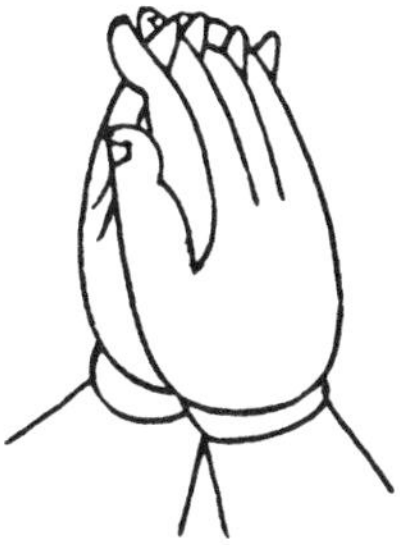

念珠掛在左臂上，作金剛合掌，支撐二食指，內縮成寶形，二拇指並立。

【真言】

唵　阿謨伽布惹　麼抳鉢納麼嚩日囉　怛他蘗哆尾路枳帝　三滿多鉢囉薩囉　吽

oṃ amogha-pūja maṇi-padma-vajre tathāgata-vilokite samanta-prasara hūṃ

◎祈願——金剛合掌

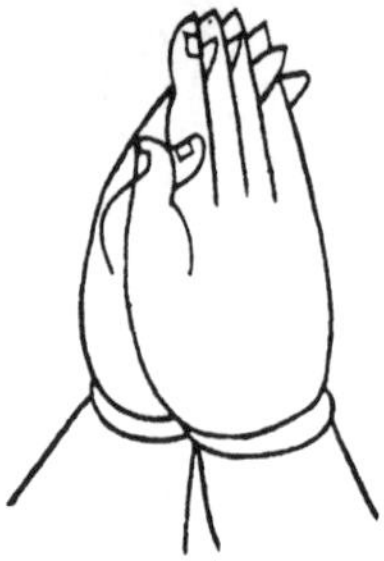

雙手密合，十指指尖交錯，將右手五指置於左手各指之上。

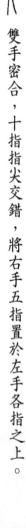

⊙撥遣——外五股印

雙手外縛，二拇指、二中指、二小指直立相對，立起二食指稍許向內彎曲，靠近中指背。

【真言】

唵 訖哩都 嚩 薩哩嚩薩埵哩他 悉提哩 捺多 野他耨誐 薩蹉特網 沒馱尾沙焰 布那囉誐麼那野 覩 嚩日囉薩埵 穆

oṃ kṛto vaḥ sarva-satvārthaḥ siddhir dattā yathā'nugā gacchadhvaṃ buddha-viṣayaṃ punar āgamanāya tu vajra-satva muḥ

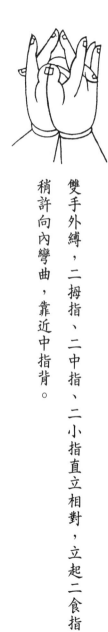

⊙鉤召大咒——鉤召印

雙手內縛，右食指直立。以右食指招三次（真言三次）。

【真言】

南莫　三滿多沒馱喃　鉢里體梅曳　噎醯呬　娑婆賀

namaḥ　samanta-buddhānāṃ　pṛthivye　ehyehi　svāhā

◎啟白——金剛合掌

雙手密合，十指指尖交錯，將右手五指置於左手各指之上。

第五世天段

⊙勸請明王天等——彌陀定印

雙手外縛，彎曲雙手食指中節，指背相對，二拇指橫在其端上。

⊙大鉤召印

雙手內縛，右食指直立。以右食指招三次（真言三次）。

【真言】

南莫 三滿多沒馱喃 鉢里體梅曳 噎醯呬 娑婆賀

namaḥ samanta-buddhānāṃ pṛthivye ehyehi svāhā

⊙啟白——金剛合掌

雙手密合，十指指尖交錯，將右手五指置於左手各指之上。

⊙普供養三力——普供養印

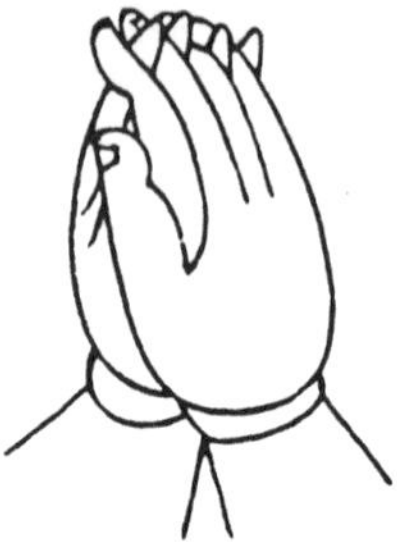

念珠掛在左臂上；作金剛合掌，支撐二食指，內縮成寶形（寶珠形），二拇指並立。

【真言】

唵　阿謨伽布惹　麼抳鉢納麼嚩日嚟　怛他蘖哆尾路枳帝　三滿多鉢囉薩囉吽

oṃ amogha-pūja maṇi-padma-vajre tathāgata-vilokite samanta-prasara hūṃ

⊙祈願——金剛合掌

雙手密合，十指指尖交錯，將右手五指置於左手各指之上。

⊙啟白——金剛合掌

雙手密合，十指指尖交錯，將右手五指置於左手各指之上。

⊙後供養（理供養）——五供養印明

1.塗香

右手五指並立，拇指橫放掌中，立臂向外，以左手握右腕，如在本尊身上塗香，輕輕下垂。

【真言】

南麼　三曼多勃馱喃　微輸馱健杜納嚩　莎訶

namaḥ　samanta-buddhānāṃ　viśuddha-gandhodbhavāya　svāhā

2. 華鬘

雙手內縛，豎立二食指，指頭互相支撐稍許彎曲成圓形。二拇指在二食指下稍離豎立。

【真言】

南麼 三曼多勃馱喃 摩訶妹嗣㘑也毗庾蘗帝 莎訶

namaḥ samanta-buddhānāṃ mahā-maitry-abhyudgate svāhā

3. 燒香

雙手掌向上並齊。中指以下三指背對背立起，二食指側相接，伸直二拇指。

【真言】

南麼　三曼多勃馱喃　達摩馱睹弩蘖帝　莎訶

namaḥ　samanta-buddhānāṃ　dharma-dhātv-anugate　svāhā

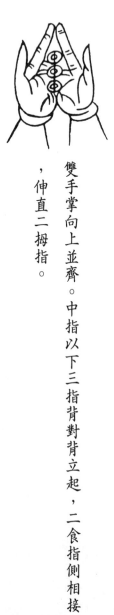

4. 飯食

首先做虛心合掌，食指以下的四指尖相接，雙手掌向上稍許分開，二拇指靠二食指側（又稱鉢印）。

【真言】

南麼 三曼多勃馱喃 阿囉囉迦羅羅沫鄰捺娜弭 沫鄰捺泥 摩訶沫㗚 莎訶

namaḥ samanta-buddhānāṃ arara-karara baliṃ dadāmi baliṃ-dade mahā-baliḥ svāhā

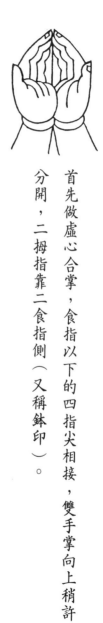

5.燈明

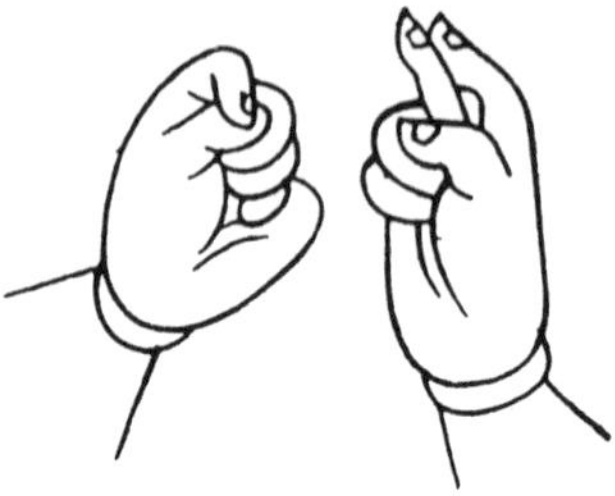

左手做金剛拳置於腰上，以右手大拇指壓無名指、小指的指甲，立起中指，食指彎曲放在中指背上。

【真言】

南麼　三曼多勃馱喃　怛他揭多喇旨薩叵囉儜嚩婆娑娜伽伽猱陀哩耶　莎訶

namaḥ　samanta-buddhānāṃ　tathāgatārci-sphuraṇāvahbāsana gaganodārya　svāhā

⊙供養（事供養）

1.塗香

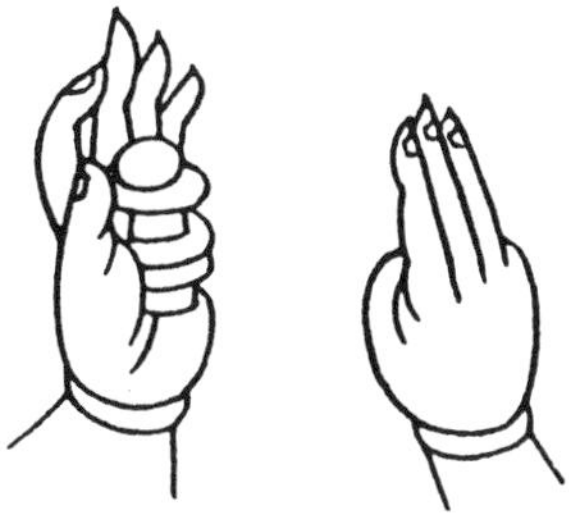

左手作閼伽半印，將器移置，以右手作小三胋印，行三次加持（唸真言「喃」字），雙手做閼伽印，其上置塗香器，捧起唸真言「嗡」字。

【真言】

南麼　三曼多勃馱喃　微輸馱健杜納嚩　莎訶

namaḥ　samanta-buddhānāṃ　viśuddha-gandhodbhavāya　svāhā

2. 華鬘

①作法同前塗香作法。
④供養後以右拇指、食指二指取前方中央一片。
⑤將④中的一片置閼伽器前。
⑥然後取左邊的一片。
⑦將⑥的一片置塗香器前。
⑧其次取右邊的一片。
⑨將⑧的一片置於先前放華鬘器的位置。
⑩將華鬘器放回原處時，反手取器。
⑪將剩餘的一片朝本尊方向送回原處。

【真言】

南麼　三曼多勃馱喃　摩訶妹嗣㘑也毗庾蘗帝　莎訶

namaḥ samanta-buddhānāṃ mahā-maitry-abhyudgate svāhā

3.燒香

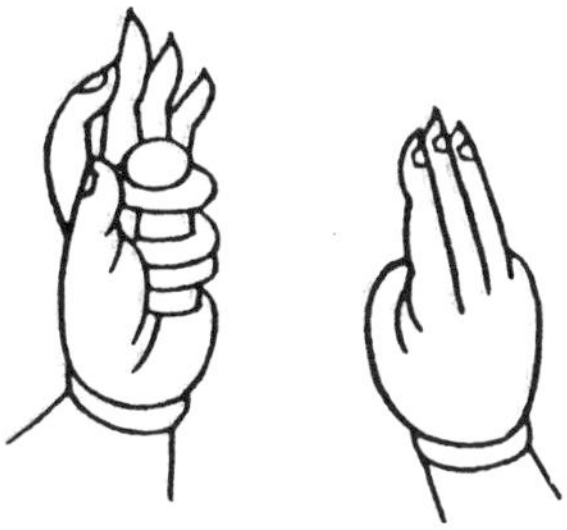

將火舍移置左手閼伽半印上，以右手小三股印做加持。以閼伽印做供養。

【真言】

南麼　三曼多勃馱喃　達摩馱睹弩蘗帝　莎訶

namaḥ　samanta-buddhānāṃ　dharma-dhātv-anugate　svāhā

4. 飯食

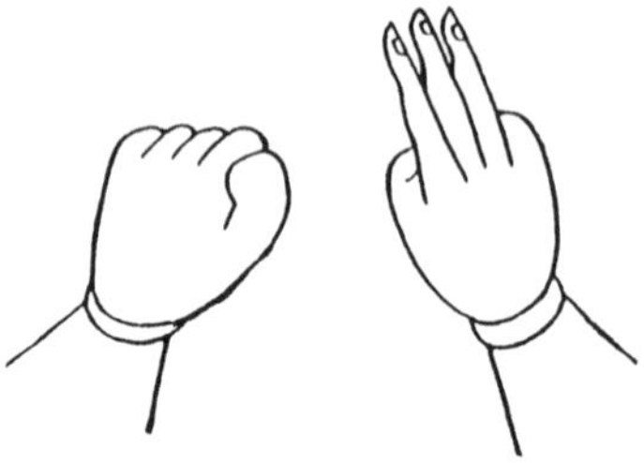

不用手取飯食器，僅用右手的三小貼印和真言「喃」字做三遍加持。左手做金剛拳置於腰上，眼睛注視飯食。作閼伽半印，以真言「嗡」字供養。

【真言】

南麼　三曼多勃馱喃　阿囉囉迦羅羅沫鄰捺娜弭　沫鄰捺泥　摩訶沫嚟　莎訶

namaḥ samanta-buddhānāṃ arara-karara baliṃ dadāmi baliṃ-dade mahā-baliḥ svāhā

5.燈明

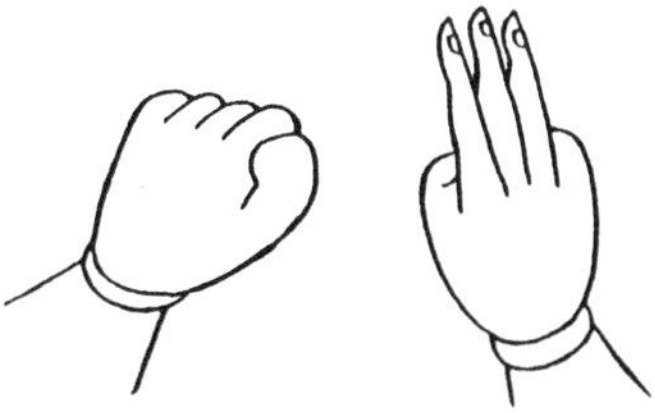

左手做金剛拳置於腰上，右手作小三股印向燈明，以真言「喃」字做三遍加持。

做閼伽半印，以真言「嗡」字供養。

【真言】

南麼 三曼多勃馱喃 怛他揭多喇旨薩叵囉儜嚩婆娑娜伽伽猱陀哩耶 莎訶

namaḥ samanta-buddhānāṃ tathāgatārci-sphuraṇāvabhāsana gaganodārya svāhā

⊙閼伽

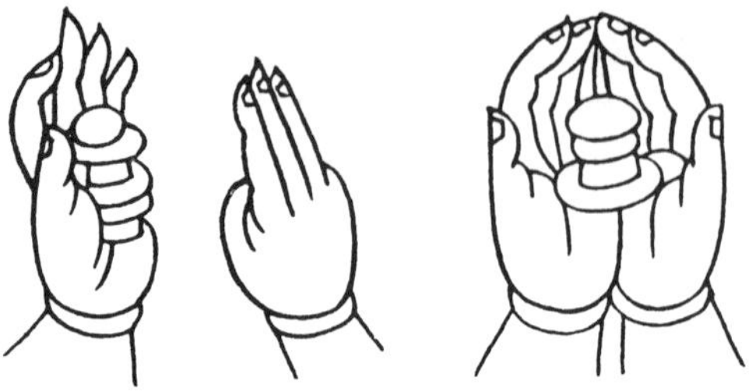

仰雙掌，掌內側相接。中指以下之六指並排，稍許彎曲，互相支撐各指頭。二食指彎曲放在各中指的上節上，以二拇指壓各食指側。左手做閼伽半印，移置閼伽器，右手結小三胋印（五指伸直，以拇指壓小指），做三次加持（唸真言「嚂」字）。右手做閼伽半印靠左手，在左右閼伽印上安置閼伽器，捧起時唸真言「嗡」字。

【真言】

唵　跋折羅娜伽　吒

oṃ　vajrodaka　ṭha

⊙後鈴

右手作金剛拳置於腰上，以左手取鈴。在金剛盤與火舍間搖鈴。以左手取鈴時，使鈴稍許橫放。

【真言】

唵　嚩日囉健吒　覩瑟也　斛

oṃ　vajra-ghaṇṭā　tuṣya　hoḥ

⊙四智讚——金剛合掌

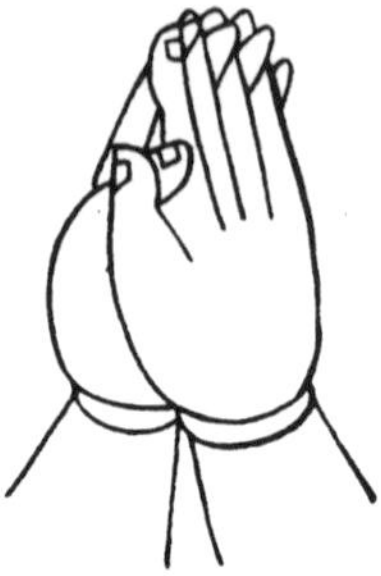

雙手密合，十指指尖交錯，將右手五指置於左手各指之上。

【真言】

唵 嚩日囉薩埵僧屹囉賀 嚩日囉囉怛那摩耨多囕 嚩日囉達哩摩誐野迺
嚩日囉葛哩麼葛嚕 婆嚩

oṃ vajra-satva-saṃgrahād vajra-ratuam anuttaraṃ vajra-dharma-
gāynaiś ca vajrra-karma-karo bhava

◉本尊讚——金剛合掌

雙手密合，十指指尖交錯，將右手五指置於左手各指之上。

◉普供養印明三力偈——普供養印

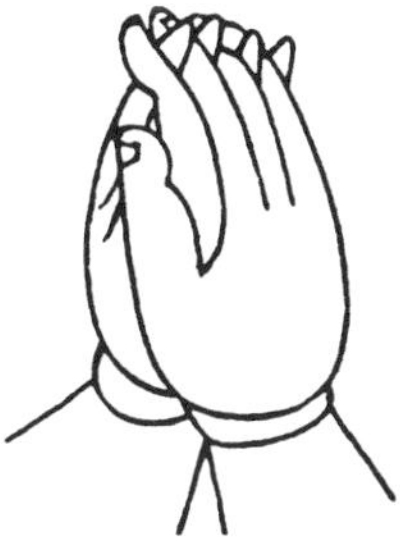

念珠掛在左臂上；二手作金剛合掌，支撐二食指，內縮成寶形，二拇指並立。

【真言】

唵 阿謨伽布惹 麼抳鉢納麼嚩日囉 怛他蘖哆尾路枳帝 三滿多鉢囉薩囉 吽

oṃ amogha-pūja maṇi-padma-vajre tathāgata-vilokite samanta-prasara hūṃ

◎小祈願——金剛合掌

雙手密合，十指指尖交錯，將右手五指置於左手各指之上。

⊙禮佛名號——金剛合掌

雙手密合，十指指尖交錯，將右手五指置於左手各指之上。

⊙至心迴向——金剛合掌

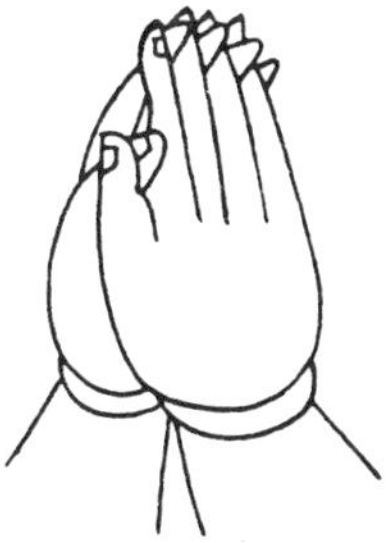

雙手密合，十指指尖交錯，將右手五指置於左手各指之上。

⊙大三昧耶——大三昧耶印

雙手內縛，豎立二中指，指端相對。彎曲二食指如鉤，置於二中指背，稍離二中指，不接觸。二拇指貼於二食指側，做三鈷杵形，向右三轉。

【真言】

唵　商迦隸　摩訶三昧焰　娑縛賀

oṃ　śṛṅkhale　mahā-samayaṃ　svāhā

⊙火院

以左掌靠右手背上。二拇指的面相對，直立成三角形，其他八指散開。

【真言】

唵 阿三莽擬儞 吽 發吒

oṃ asamāgne hūṃ phaṭ

⊙虛空網──虛空網印

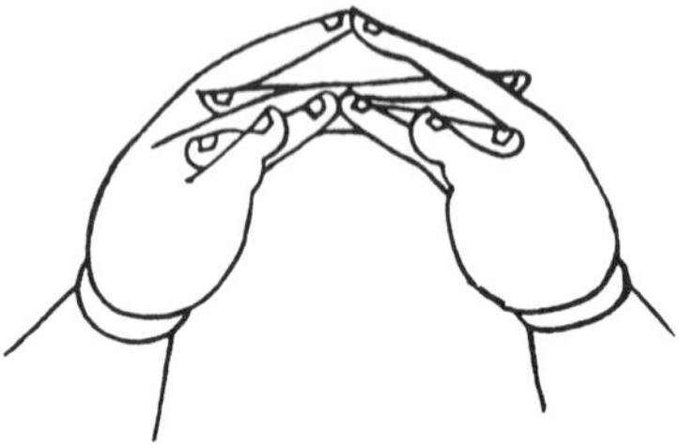

以右中指放入左食指與中指之間，以右無名指放入左無名指與小指之間（頭部皆出）。以左中指自右中指背放入右食指與中指之間，以左無名指自右無名指背放入右無名指與小指之間。二小指指頭與二食指的指頭均互相支撐。二大拇指向下，指尖相接。以二大拇指捻二食指根部，向右三轉。

【真言】

唵　尾娑普羅捺　落乞叉　嚩日羅半惹羅　吽　發吒

oṃ　visphurād　rakṣa　vajra-pañjara　huṃ　phaṭ

⊙降三世——降三世印

雙手做忿怒拳。雙手背相對鉤結二小指，直立二食指。向左三轉，完成辟除，向右三轉，完成結界。

【真言】

嗡 遜婆 儞遜婆 吽 屹哩恨拏 屹哩恨拏 吽 屹哩恨拏播野 吽 阿那野 呼 婆誐鑁 嚩日囉 吽 發吒

oṃ śumbha niśumbha huṃ gṛhṇa gṛhṇa huṃ gṛhṇāpaya huṃ ānaya ho bhagavan vajra huṃ phaṭ

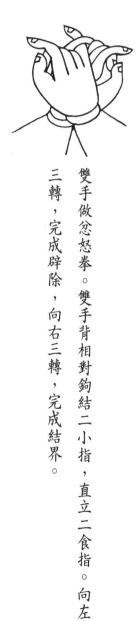

◎金剛墻——金剛墻印（四方結印）

以右中指放入左食指與中指之間，以右無名指放入左無名指與小指之間，頭部皆出。分開掌豎立二拇指做成墻形。依序旋轉三次。

【真言】

唵　薩羅薩羅　嚩日羅鉢羅迦羅　吽　發吒

oṃ sāra-sāra vajra-prākāra hūṃ phaṭ

⊙金剛橛——金剛橛印（地結印）

以右中指放入左食指與中指之間，以右無名指放入左無名指與小指之間（頭部皆出）。以左中指自右中指背放入右食指與中指之間，以左無名指自右無名指背放入右無名指與小指之間。二小指與二食指的指頭均互相支撐。二拇指向下，指尖相接。唸真言一遍，同時以向下壓大地的姿勢下降（三次）。

【真言】

唵 抧里 抧里 嚩日囉嚩日哩 步囉 滿馱 滿馱 吽 發吒

oṃ kīli kīli vajra-vajri bhūr bandha bandha hūṃ phaṭ

◎撥遣——撥遣印

以右手大、食、中三指取留在後供養華鬘之一華。夾在左手食中指之尖端。

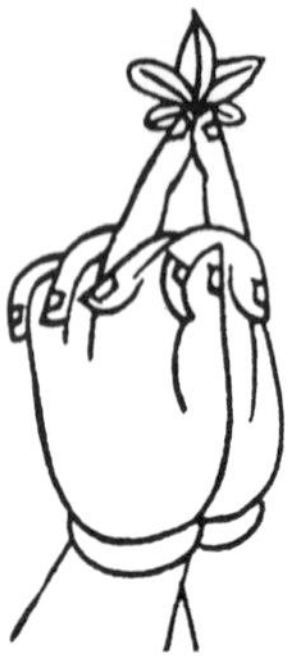

雙手外縛，立起中指如蓮華葉將華夾在端間。唸一遍真言做觀想。

以右手大、中二指取華。重疊置於奉獻在後供養華鬘器前方的華上。

【真言】

唵 訖哩都 嚩 薩哩嚩薩埵哩他 悉提哩 捺多 野他耨誐 薩蹉特網 沒馱尾沙焰 布那囉誐麼那野 覩 嚩日囉薩埵 穆

oṃ kṛto vaḥ sarva-satvārthaḥ siddhir dattā yathā'nugā gacchadhvaṃ ha-viṣayaṃ punar āgamanāya tu vajra-satva muḥ

⊙佛部三昧耶——佛部三昧耶印

雙手虛心合掌（十指並齊，掌中稍虛）。打開合掌，微曲二食指靠在二中指之上節。分開二拇指，各在二食指根部，用大拇指腹壓食指內側。

【真言】

唵　怛他蘖都納婆嚩也　娑嚩訶

oṃ　tathāgatodbhavāya　svāhā

⊙蓮華部三昧耶——蓮華部三昧耶印

雙手虛心合掌，將二大拇指、二小指的指頭相接，中間六指稍許彎曲，如綻放蓮華的花形。

【真言】

唵　跛娜謨納婆嚩也　娑嚩訶

oṃ　padmodbhavāya　svāhā

⊙金剛部三昧耶——金剛部三昧耶印

雙手左覆右仰，手背相對。以右拇指與左小指相交（交叉），以左拇指與右小指相交，中間的六指分開貼在手背上，如三股杵之形。

【真言】

唵 嚩日盧納婆嚩也 娑嚩訶

oṃ vajrodbhavāya svāhā

⊙被甲護身——被甲護身印

內縛，豎二中指，指尖相接，以二小指、二無名指之右壓左，在掌中相交。將二食指立在二中指後，做成鉤形，不與中指背相接，二大拇指並立，壓二無名指邊側。

【真言】

唵　嚩日羅銀儞鉢囉捻跛哆也　娑嚩訶

oṃ　vajrāgni-pradīptāya　svāhā

◎下盤普禮——金剛合掌

雙手密合，十指指尖交錯，將右手五指置於左手各指之上。

◎以灑水灑壇上——彌陀定印

雙手做外縛，彎曲雙手食指中節，指背相對，二拇指橫在其端上。

⊙以灑水灑壇上等——金剛合掌

雙手密合，十指指尖交錯，將右手五指置於左手各指之上。

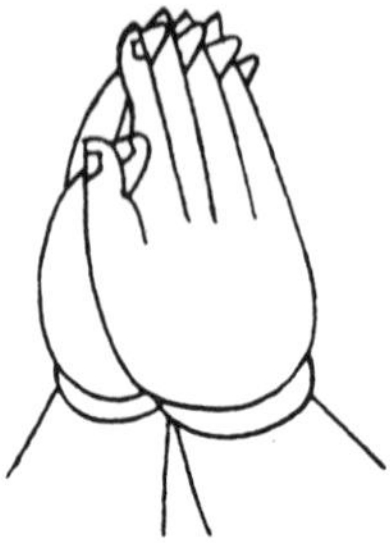

【真言】

唵　跋折囉若哩

oṃ　vajrāñjali

佛教小百科19

《密教的修法手印—胎藏界法‧護摩法》（下冊）

編　　者　全佛編輯部
執行編輯　蕭婉甄、劉詠沛、吳霈媜
出　　版　全佛文化事業有限公司
訂購專線：(02)2913-2199
傳真專線：(02)2913-3693
匯款帳號：3199717004240 合作金庫銀行大坪林分行
戶　名：全佛文化事業有限公司
E-mail:buddhall@ms7.hinet.net
http://www.buddhall.com
門　　市　新北市新店區民權路95號4樓之1（江陵金融大樓）
門市專線：(02)2219-8189
行銷代理　紅螞蟻圖書有限公司
台北市內湖區舊宗路二段121巷19號（紅螞蟻資訊大樓）
電話：(02)2795-3656
傳真：(02)2795-4100
初　　版　二〇〇〇年八月
初版六刷　二〇一六年八月
定　　價　新台幣三九〇元
ＩＳＢＮ　978-957-8254-86-2（平裝）

國家圖書館出版品預行編目資料

密教的修法手印 / 全佛編輯部主編. -- 初版.
-- 臺北市：全佛文化, 2000 [民89]
面；　公分. -- (佛教小百科：18-19)

ISBN 978-957-8254-85-5(平裝)
ISBN 978-957-8254-86-2(平裝)

1.藏傳佛教—修持
226.966　　　　89011178

Buddhall

Published by BuddhAll Cultural Enterprise Co.,Ltd.

全佛文化白話佛經系列

白話華嚴經 全套八冊

國際禪學大師 洪啟嵩語譯 定價NT$5440

八十華嚴史上首部完整現代語譯！

導讀 + 白話語譯 + 註譯 + 原經文

《華嚴經》為大乘佛教經典五大部之一，為毘盧遮那如來於菩提道場始成正覺時，所宣說之廣大圓滿、無盡無礙的內證法門，十方廣大無邊，三世流通不盡，現前了知華嚴正見，即墮入佛數，初發心即成正覺，恭敬奉持、讀誦、供養，功德廣大不可思議！本書是描寫富麗莊嚴的成佛境界，是諸佛最圓滿的展現，也是每一個生命的覺性奮鬥史。內含白話、注釋及原經文，兼具文言之韻味與通暢清晰之白話，引領您深入諸佛智慧大海！

全佛文化有聲書系列

經典修鍊的12堂課(全套12輯)

地球禪者 洪啟嵩老師 主講　全套定價NT$3,700

〈 經典修鍊的十二堂課—觀自在人生的十二把金鑰 〉有聲書由地球禪者洪啟嵩老師，親自講授《心經》、《圓覺經》、《維摩詰經》、《觀無量壽經》、《藥師經》、《金剛經》、《楞嚴經》、《法華經》、《華嚴經》、《大日經》、《地藏經》、《六祖壇經》等十二部佛法心要經典，在智慧妙語提綱挈領中，接引讀者進入般若經典的殿堂，深入經典密意，開啟圓滿自在的人生。

01. 心經的修鍊	2CD/NT$250
02. 圓覺經的修鍊	3CD/NT$350
03. 維摩詰經的修鍊	3CD/NT$350
04. 觀無量壽經的修鍊	2CD/NT$250
05. 藥師經的修鍊	2CD/NT$250
06. 金剛經的修鍊	3CD/NT$350
07. 楞嚴經的修鍊	3CD/NT$350
08. 法華經的修鍊	2CD/NT$250
09. 華嚴經的修鍊	2CD/NT$250
10. 大日經的修鍊	3CD/NT$350
11. 地藏經的修鍊	3CD/NT$350
12. 六祖壇經的修鍊	3CD/NT$350